AQUARIUS

AQUARIUS

AQUARIUS

AQUARIUS

Catcher

一如《麥田捕手》的主角，
我們站在危險的崖邊，
抓住每一個跑向懸崖的孩子。
Catcher，是對孩子的一生守護。

小學就學會

情緒管理、時間管理及第二專長

黃湘玲——著
【閱讀典範教師】

好評推薦

如果要我對這幾年所看過的一系列各式的書做個排序，湘玲（貓老師）的這本書絕對可列入前三甲。因為，它不只是一本裝載著愛、理解、支持與傾聽的（大）書，更是一部自然且真實紀錄著師生情感的微電影生命敘事史。

鍾鎮城教授（高雄師範大學華語文學研究所）

【推薦序】想教好每一位孩子／蘇明進（《希望教室——教孩子一生最受用的36種能力》作者）

一翻開《小學就學會——情緒管理、時間管理及第二專長》的書頁，就跌進貓老師那充滿教育愛與熱情的文字世界。貓老師是一位很會說故事的老師，她那如詩一般的文字裡，柔柔軟軟的訴說著她和孩子相處的點滴。在她的耐心與智慧的引導下，孩子感受到老師的溫柔與包容，於是他們卸下武裝的自己，願意為了老師真誠的改變，蛻變成為更好的人。

雖然這些故事的結局是如此的令人激賞，但可能我們忽略了，故事中的貓老師可能正橫渡一場場驚心動魄的師生對抗風暴。例如在〈孩子，請趕快回家〉這篇文章中，平時看似愈來愈進步的孩子離家出走了，讓人心急卻怎麼也尋不回；也或許像是在〈面對情緒，無所懼色〉這篇文章裡的孩子，有一天就情緒大爆發，和體育老師你一言、我一語的對嗆，讓人不禁大嘆：現在的孩子究竟是怎麼了？

這種畫面其實不陌生，在真實的教學現場中每天都在上演。有的老師採用高壓處罰的方式，讓孩子噤若寒蟬；有的老師焦頭爛額的處理孩子層出不窮的狀況，顯得氣急敗壞；有的老師則是搖頭嘆息，雙手一攤大嘆「我沒輒」……但是，在貓老師書中的孩子怎麼個個乖巧有禮？即便和老師之間有過大爭執，最後都能放下他們固執的自己，用善緣畫下一個個圓滿的句點呢？

這就是教育的智慧！在和孩子發生衝突時，我們當下有無數個可以怎麼處理的方法。但是有智慧的老師，能化去火爆場面裡的情緒，讓孩子收起暴戾之氣；讓每次的衝突，都變成孩子最好的學習課程。

那麼，這種教育的智慧來自於哪裡？難不成是教學年資愈久，就會累積愈多的教學智慧嗎？

其實不然。教學年資的增長，的確能讓我們當下處理突發狀況時更加熟練。但是在很多時候，我們只有處理到孩子的表層行為，卻沒有處理到孩子的心理。我們大人常仗恃著自己身形、年歲，或所擁有的豐富知識，讓孩子的需求暫時被壓制了；但是問題的最核心，也就是孩子的情緒仍未疏通。說穿了，我們仍然未走進孩子的內心世界，仍然未曾好好教導他們該如何去解決自己的問題。

這種教育的智慧，是來自於老師對待孩子的眼光與態度。在貓老師的眼裡，每一位孩子都是可愛的、可被教導的，也因此她會對每一位孩子伸出溫暖的手。她會在事件的發生當下，或是在事過境遷後，仍在內心裡反覆思索著：什麼樣的方式，才是對這位孩子最好的處理方式？

所以貓老師在書中寫下這段心路歷程：「後來幾年教學經驗多了，慢慢學會轉換自己的『教師眼睛』，放低『教師姿態』，從『孩子目光』看『教室事件』，這樣的自我學習，使得我能夠客觀的掌握孩子的所有情緒反應，並做出合適的相對應處理，而不是只顧著讓自己的感情宣洩有道……當為師高舉怒氣旗幟後，沒幾個孩子不掩面跪落。但是，孩子的情緒是否被安撫了？事情的真相是否彰顯了？這些問題很可能就隨風飄落……」

也就是用著這樣「溫柔的眼光」望著孩子、懷抱著「想教好每一位孩子」的心情，這樣的思考模式就會誘發老師們不斷去挑戰自我，於是終能創造出每一個截然不同，卻又最適合這位孩子的獨特教法。這就是教育智慧的源起。

讀完這本書後，很多教學生涯中遇到的孩子，一個個又在記憶深處活躍了起來。貪玩的、文靜的、打架的、認真的、偷竊的、離家的……每一位孩子都在為我們訴說著他們的人生故事。我常覺得自己何其有幸，能踏進他們的生活之中，一窺生命為我彰顯的道理。

我也常和其他老師分享：幸福的老師，總是會在這些故事中反覆咀嚼這些苦盡甘來的成長滋味，也能得到來自孩子最真誠的回饋；而辛苦的老師，始終帶著一句「現在的孩子究竟怎麼了」的問號，來面對他日復一日的工作……

就像書中的孩子說的：「如果老師對我很壞，我就會很壞；如果老師對我很好，我就會很好。」如果您希望您的孩子能成為很好的人，那麼或許可以從《小學就學會——情緒管理、時間管理及第二專長》這本書中，得到您想要的解答。

【自序】迸發的青春味

教室裡頭，老師座位前方區域是「好學生專區」，沒有土地標界，也沒有產權爭議，但全班都知道，我在界內，眼望界外，心想：為何同一個班級內有這樣的分野？

中午用完餐後，我照例走到校門口等候母親。她可能還沒吃飯，就急急忙忙從公司回家，為我切來一袋水果，如此六年沒間斷。我是怎麼了？明明知道母親辛勞慈愛，卻隱隱覺得不好意思與不耐煩。

鏡頭再轉，我坐在文化中心內的畫圖比賽會場，聽聞題目是〈水〉，也知道擇題水上樂園必定是活潑滿分，得獎機會大，可我偏偏就要用水彩畫國畫，欲以意境取勝。其實我沒那麼清高，如此反其道而行，只是為了反抗，反抗師長逼迫我代表學校來比賽。

我的青春由此開始，像是一顆碩大的木棉花，一身橘紅，花瓣柔軟，頑強盤踞枝頭。人們經過我底下，讚美我的獨特，可我既是豔羨對面山頭櫻花粉嫩，又愛慕鄰園紫藤珠圓玉潤。

青春哪！是春天裡滿花綻放的姿態，爭奇鬥豔。走一步，便是妄自菲薄。退一步，沒拿捏好，距離過遙，搖晃欲墜，不知是當自己好，還是加入群體來得自在？

面對大人的言行舉止，心裡總是冒出好多問號與評論，美與醜的定義？善與惡的對立？黑與白的選擇？甚至是教與學的呈現？在我的青春湖裡揚起風波與回音，我就這麼一路跟著青春共處共榮，做了大大小小離經叛道的事情。

小則在分班風聲響起時，便揚言拒絕進入資優班，惹來導師關懷；大則因不滿老師對於評量的標準說不準，憤而高舉反抗旗幟，揚言撤換老師。

當時的我，但凡以「自我」為中心，拚了命要呵護心中的公平與正義，用尖銳的枝枒狠狠刺向天空，但也矛盾的把柔軟的花瓣獻給家人與同儕。

幸而，在我如此衝撞的年歲裡，書籍、音樂與作畫緩和了我的脾氣與壓力，且有幾位願意傾聽，不妄加評論的師長們，以及默默做後盾的父母。這一切宛如狂風驟雨後的清晨，雖是被摧殘得幾乎要連枝帶葉，一敗塗地，但我終究在數年後挺身而過，陽光照拂，夏季耀眼。

也許正因我有如斯與外表或家世不相符的青春，所以，當我兩度有幸擔任五年級導師時，我總是會在孩子的一言一行裡，看到當年的我，也是如此貼心，希望得到長輩的肯定；也是如此傲骨，不屑評量制度，但又希望高分示眾。

九〇年代的我跟生長於數位時代的孩子，說到底除了外在的學習資源與環境改變外，心裡那畝田，始終沒變，無非要讓自我變得更完整、更美好，只是常常不知如何是好罷了。

帶著這樣的心情，我的第一個導師班504，橫衝直撞入我心裡，我是愛之深，責之切，因而曾為了幾個孩子的臭臉色，把全班集結在走廊大發脾氣，但也曾在他們苦心編排教師節敬師節目時，感動到不知如何是好。正如新手父母那般，每個孩子的一舉一動都牽動我的心，夜裡也經常反省自己，總覺有太多做不好的地方，卻又不能重來一次。

那年的酸甜苦辣，滋味萬千，凡事掛心，只是，當年沒留下太多手稿，爾今寫書時，只能截取片段，內心對於其他未能在書裡亮相的孩子，感到十分抱歉。

因為504如初戀般甜美難忘，五年後，當我面對第二個導師班508時，內心膠著萬分。一則是不知該如何在504之後，用嶄新的目光看待他們；再者，我心中清楚，當年因我選擇到研究所進修，不得不與504道別，心中的愧疚與不捨，難以言述。如今，怕是又要歷史重演，因為一年後我就要調往北部。

所以，我初時克制了情感，希望藉由拉開距離，減少將來分離的難受，可老天是要我重新體認人世間師生情緣的美好，所以透過孩子的純真與貼己，數度瓦解我的心房，而這班孩子所爆發的團體力與向心力，更讓我看到自己進修後重執教鞭的改變，體悟到與小學高年級的孩子共學，需要更多的對話、引導與自省，這即是我下定決心撰寫此書的主因。

今年夏天，504即將升大學，508則要上國中。選擇此刻完書，便是冀望以此作為畢業禮物，並將思念與盼望寫於此：孩子！謝謝你們豐厚了我的生命，也願未來的日子裡，不管道路荊棘與否，都要擁抱夢想，拿出勇氣，跨越界線，尋求屬於自己的蔚藍天空。

最後，我把感謝篇幅獻給家人、師長、同事和朋友，並謝謝母親賜予我文采，自小悉心照料與貼身指導，今日能有此書，最是感謝母親。謝謝父親與哥哥無怨無悔地充當後盾，時時照護與支持，我的青春，我的教學歲月，都因有你們而無後顧之憂。謝謝我的先生，在我白天工作，晚上寫書的日子裡，充當啦啦隊兼超大粉絲，善用讚美來挖掘我文字裡的情意，且以各種方式化解我寫不出來的焦慮，讓我終於順利達陣。謝謝我的青蛙老闆，我的文字如有一絲洗鍊，那是因為研究所階段，受您薰陶與影響所致，並感謝您帶領我走向繽紛的華語世界，讓我得用嶄新目光重新審視、改變教學。

停筆之前，掌聲留給我的所有師長，正因有你們示範如何為人師，今日的我，才能站在這裡，守護下一批仍是青春洋溢的孩子。

目錄

Part7 閱讀與寫作

Part1

情緒管理

在孩子必須不斷與人比較的世代裡，一個懂得適當表達情緒的孩子，無疑是為這社會注入更多正向的建設力量，而非過多的破壞力道。可孩子會因為大人的挑眉措舉，決定自己的情緒呈現形式。

那麼大人如何教情緒管理？不妨先審視自己的反應對孩子的影響，適度雙向溝通，讓他知道你未曾放棄他，如此，解套才有可能。

情緒管理

帶著他，橫渡這河，這洋

⊙大人可以這樣做

英文老師想要利用課堂公開的場合，讓他上台磨練膽識。但為什麼他拒絕？我心裡其實已經有了答案：青春期。但我想讓晨陽自己反思與分析。

我想做的是，他們必須學會如何跟大人有效溝通，至少要能表明自己的想法，而非只是象徵性的反抗，製造更多師生間的摩擦。

九月底的打狗城，秋風揚起，翻轉著我剛踏入研究所的記憶。甫開學，各科期中與期末作業就接踵而至，非中文系科班出身的我，不僅要弄懂漢語語法各式專有名詞，還需以此完成一份專題報告。此外，華人社會與文化一科，也許還要跨足海外，探討新加坡華語發展歷史。紛至沓來的挑戰，讓離開國小教室，走入研究殿堂的我頗感挫敗。

孩子的獲獎消息

此時，手機訊息聲響起，細看內容竟是一封報喜信：「老師！晨陽獲得市賽英語朗讀第三名，明天就要去參加頒獎典禮。」

一開始，我還反應不過來，想了兩秒鐘才意識到：哇！這麼快就來到九月底的市級語文競賽！

我急忙回信恭賀：「恭喜！努力有了成果，我很為晨陽高興，請幫我轉達老師的祝福。」

不到三秒，晨陽爸爸就回了信，裡頭寫著：「謝謝老師過去的指導和鼓舞，也祝福老師在高雄進修順利，教師節快樂唷！」

在這充滿挫敗的課堂裡，收到來自家長的祝福和報喜，無疑為我打了一劑強心針。我收拾桌面的文獻資料，拾步下樓，想要好好回味……

我與晨陽第一次見面是在校內的英文初賽場上，學校請我擔任英文朗讀的評審老師。那個場次由四五年級共同競賽，只是，選定的朗讀讀本不同。

晨陽是四年級學生，與他同年的選手裡好幾個活潑大方，且都能善用肢體語言，靈動的演繹英文故事，像是扮演公雞的叫聲，或是誇張地拍打翅膀來表現歡樂的感覺。晨陽就是這樣的選手，初生之犢不畏虎，完全樂在其中，表現相當搶眼，因為這樣，他自然通過第一階段比賽，跟五年級的優勝選手共同進入第二階段培訓。

幾個月後，這些選手再一起競爭最後的校際代表權。第二次見面，就在校際代表賽場上，四年級的晨陽，擁有一身英文朗讀好功夫，而且認真執著，所以，表現照樣精采，只是，比賽規格提高後，看得出來他帶點緊張和不安。

幾位評審討論後，肯定他的才能，但也認為應該再磨練一年，訓練更多的膽識，所以，最終決議由五年級代表選手勝出。

當下，我心裡泛起一絲絲的可惜，為這個孩子，因為任誰都明白，時隔一年，是否還有此機會，誰也無法保證。

各方面優異的孩子

如果不是隔年我成為晨陽的老師，那麼，記憶就會到此為止。八月底拿到新班級的名冊，晨陽的名字一躍而出，我感到又驚又喜，沒想到我可以換一個身分跟他共同努力。

也是因為擔任他的導師，這才看到小男孩除了英文之外，其他方面表現也很精采，尤其對於我所交付的功課，總是努力不懈。

比如，當我請全班閱讀劉克襄《11元的鐵道旅行》後寫下短篇日誌，晨陽還會貼上火車票根。或是，當我鼓勵全班寫日誌集點數，晨陽每週都會定期交作文，甚至追問我批改了沒有。這個孩子在五年級上學期時，完全沒讓我擔心過。

至於他對於英文的熱情更是不在話下，除了自動請纓為英文科長外，在班上只要我進行與英文相關的討論，他必定熱切地參與，還三不五時靠過來，說著他對於英文的渴望與夢想。

我心裡總想著：這下子，今年必定有望代表學校參賽了。所以，當他喜孜孜告訴我已經通過五年級英語朗讀第一階段比賽，進入培訓階段時，我一點都不意外。

一切看似平順無虞，晨陽開始接受英文老師的培訓，我偶爾會問問他練習得如何，他總是信心滿滿地說沒問題。

讓孩子卸下心防的方法

但是，事情開始有了變化，就在寒假過後，五年級下學期正式來到。

一天，全班上完英文課回來，幾個學生衝過來報告：「英文老師剛剛請晨陽練習，結果他一直說不要，對老師很不禮貌。」

這時候，晨陽正巧從後門走進來，我定睛看看這個孩子，請他過來談談。向來，不

管我是否聽過其他孩子的說法，我都會讓當事者有完整的時間說明一次，而不事先說我知道了哪些，請他補充或修正。

我覺得只有這麼做，孩子才會卸下心防，跟老師好好的溝通。因為，若是我說：「剛剛同學說你不聽英文老師的話，在課堂上跟老師頂嘴，是不是有這種情形？」那麼，孩子一開始就只有回答「是」或「不是」的選擇，而我認為這並不公平。所以，我請他說說剛剛英文課發生什麼事情。

幫孩子分析，並讓孩子學會補救

如同同學報告的，英文老師想要利用課堂公開的場合，讓他上台磨練膽識。但為什麼他拒絕？我心裡其實已經有了答案：青春期。

但我想讓晨陽自己反思與分析。我問：「你拒絕上台朗讀，是因為不想代表學校參加比賽嗎？」

晨陽聞言，馬上激動的搖頭說：「沒有！老師！我想要參加比賽。」

「那為什麼剛剛不願意上台？」他沉默了。

「老師記得你四年級時表現得很大方，現在不想上台應該有原因吧？」

「因為英文老師叫我說的那一篇，要表演聲音，我覺得很丟臉。」

「我可以瞭解，但是你也要瞭解兩件事情，**第一，當你代表學校去參賽時，台下有更多雙眼睛看著你，你會更緊張，所以，這是英文老師要你在班上練習的原因。第二，當你覺得丟臉而不上台時，你有沒有跟英文老師好好說清楚自己的想法？**」晨陽搖搖頭。

「所以，英文老師並不知道你為什麼拒絕上台，對不對？老師瞭解你有自己的考量，但我覺得你在這件事情上應該要補救處理的是，下課後跟英文老師說清楚，不然，英文老師可能就會誤會你不想比賽了。」

我把糾結在晨陽心中的情緒鎖輕輕解開。

教孩子學會與大人有效溝通

吃過午餐，我帶著晨陽一起去找英文老師，不管老師是否真能理解五年級的孩子正面臨青春風暴，身心裡都會出現微妙的轉變，與四年級大不相同。

但我想做的是，帶著孩子橫渡這片汪洋，他們必須學會如何跟大人有效溝通，至少要能表明自己的想法，而非只是象徵性的反抗，製造更多師生間的摩擦。

在那之後，晨陽回到正軌，矢志達成目標，努力的練習。直到我預備離開學校，前去進修時，我都沒再掛懷過他參賽這件事情，原因是我很放心，這是一種師生間的直覺思考，我很確信他可以勇渡滄江。

果然，九月底的打狗城，除了翻轉我的研究所回憶外，還夾雜著晨陽榮獲佳績的歡喜樂符。

回味這孩子從四年級到六年級的變化歷程，只想輕聲說：「晨陽！恭喜你！」

情緒管理

停看聽，藍黃紅

⊙大人可以這樣做

如何讓學生的行為從他律變成自律？我在班上推出一套「藍黃紅」制度。領有藍牌者須交出一節下課時間；黃牌，付出的代價是一天的所有下課時間；孩子如果領到紅牌，則要三天下課留在班上。

不能下課時，要做什麼呢？我的要求簡單易執行，就是安靜做自己的事情，讀報、畫圖、玩積木或寫功課都可以，目的就是回到一個人的時光，好好跟自己相處。

這個世代的速度感極快，就連學生的喜好也急劇變化，四五年前的分組競賽，當時蔚為潮流，當學生隸屬於某一組別，就可以搭配加扣分，鼓舞或導正其行為。當時，成效頗佳。

五年後，我回來了，發現自己對於學生主體的看法有了極大的改變，過去慣用的分組制度似乎也有著去或留的考量。

一開始，我**設計了集點簿，藉此鼓勵正向行為**，但對於需要輔導的常規，到底該搭配哪一種制度，始終如小舟身處濃霧裡，遍尋不著方向。

「藍黃紅」制度，讓孩子自律

偶然間，當我準備過馬路時，抬頭看看紅綠燈，紅，停！綠，走！黃，請思考！這般根深柢固的行為，意外激發了我的想像力。

我想，一定有什麼方法，可以讓學生對自己的行為養成停看聽的習慣，也就是從他律變成自律。

當然，我並不是在教室門口架設交通號誌，我做了另一層的轉換。在考慮一般體育競賽，紅牌代表出局，黃牌意味著警告後，我在班上推出一套「藍黃紅」制度。

藍牌，屬於第一層級，凡作業缺交等計點三次，則發給一張藍牌，領有藍牌者須交出一節下課時間；黃牌，則把範圍定位在與同班同學發生嚴重衝突，付出的代價是一天的所有下課時間；紅牌，是同心圓的最外圍，凡屬於班級外的事件皆在此類。孩子如果領到紅牌，則要三天下課留在班上。

不能下課時，要做什麼呢？我的要求簡單易執行，就是安靜做自己的事情，讀報、畫圖、玩積木或寫功課都可以，目的就是回到一個人的時光，好好跟自己相處。所以，只要他知道自己正在實行「心靈勞動服務」就可以。

與班上其他管理制度相同，我通常只負責觀察和規劃，執行層面都交給幹部。

實行半年後發現，這樣溫和的制度效果意外的好，**學生知道自己哪些部分需要改進**，也會甘於接受牌卡。

常常，我會在下課時間聽到：「我不能去打球，因為我有一張藍牌。」「老師！我的黃牌已經做完了，可不可以把號碼擦掉？」「ＸＸＸ，你有兩張藍牌，趕快回到座位，這樣我們下午才可以出去玩。」

所以，集點簿是放出去的魚線，藍黃紅則是牽引船隻的燈塔，相互搭配，讓孩子既能自我探索，又能自我控制。

為自己打品格分數

然後，有一天，我萌發一個念頭，設計了小小的讀寫活動來鋪排品格力：我先在黑板上寫下「公平、正義、誠實、負責、禮貌」五點，並說：「請你們把這五點寫在聯絡簿上，想一想，你在每個項目應該得到幾分，這是一項自我評分的活動，**老師希望你能更瞭解自己，所以，不管你打了幾分，我都會接受。**」

短短十來分鐘，孩子有的飛快振筆疾書，有的遲遲無法下筆。一種思考的氣流瀰漫在教室間，我靜靜的等待，等著閱讀他們的自我評價。

在做這件事情的當下，我並沒有辦法具體預估，到底會帶來哪些效益？以及，得到效益要花多久的時間？但是教育的微妙與奧妙處就在這裡，你以為要前行幾里路，可卻在巷弄轉彎處，就看到桃花朵朵從屋簷探出，昭告著萬物生長的季節來到。

把評價的權利交到孩子手裡

同一天下午，學生去科任教室上課，結束後，風紀股長和該科科長氣呼呼奔來告狀，說著，某一組女孩拿出紀念冊來就罷了，竟還隨意在教室內走動。同時，另一組男孩則聊天聊到渾然忘我。

我先請女生過來，瞭解她們行為背後的原因，因為上午才推動自我評斷，以及知道我是個說理的老師，她們倒是很暢快的坦白自己確有那樣的行為。

最後，我總會再度把評價的權利交到孩子手裡。

我問：「既然你們覺得自己做錯了，打算怎麼處理？」

她們互看彼此一眼，推代表出來說：「我們去跟科任老師道歉，然後，每個人領一張紅牌。」

紅牌兩字流瀉的是誠實的美好，也撼動了我。

能夠大無畏的面對自己的行為，實在應該給予大大的讚賞。加上，她們所犯的錯誤並不需要用到牛刀，所以，我酌予扣減為兩次藍牌。

這組孩子聽令後開心地離去。等候在旁的男孩組，有了前者樹立的良好形象，當然不遑多讓的坦白一切。

停、看、聽，在孩子內心阡陌縱橫道路上，扮演著人生的紅綠燈。

情緒管理

風暴來襲，互撕作業

我讓他們站在旁邊冷靜幾分鐘，接著讓他們分別說說爭吵過程。

⊙大人可以這樣做

當我聆聽一方說話時，只會引導讓他把話說完，而不給任何的評論。最後，我口述一次整個事件的過程，並問問他們還要不要補充。確定沒有後，進入自我評價階段。

請孩子「自我評價」，是否真的需要爭到面紅耳赤，以及兩個人的對錯在哪兒，最後教他們如何彌補過錯。

那一刻，一大一小，一男一女，一藍一紅，瞬間靜止。被撕破的閱讀作業本如立體剪紙，安靜的盡情展示。

這堂閱讀課，恰恰在星期五第四節，正是一個星期最後一堂科任課，只要完成這堂課，我這週的任務也就完成了，可以有一下午的時光，定心檢討一週上課內容，並為下週課程做準備，因此，我總是心情飛揚，加上這個班級乖巧可人，上起來格外優游自在。

於是，一如過往，我把他們迎入圖書館，待全班坐定後，我們展讀《鴨仔媽媽露一手》的故事，進入越南料理小吃店裡，享受一個小女孩尊重媽媽原生文化，進而想要邀請同學一起來品嘗的美妙氛圍裡。

就當我在台上講得口沫橫飛，想讓飲食文化充分與閱讀課結合，並依據文章拿出一顆貨真價實的「鴨仔蛋」時，誘發全班目光齊聚，就像曲目演奏到最高潮，突然，「砰」的一聲，小皮蛋與大滷蛋所在的那一桌爆出巨大聲響。

我是被迫中止樂章的指揮手。停下來後，走了過去，這一男一女稍微收斂了氣焰，雙手絞扭，嘴角呈不規則曲線，看來內心依舊激動，但是，至少知道自己犯了錯，也不敢再繼續造次。

我利用三分鐘就知道事情的起因單純。大滷蛋與小皮蛋相鄰而坐，大滷蛋人高馬大，手長腳長，加上幾許故意的味道，聽課時便伸長手肘，碰到了小皮蛋的閱讀本。

小皮蛋氣不過，推了大滷蛋的手肘，大滷蛋不示弱，硬是越過雷池，所以，這一來一往，相互拉扯，甚至連腳底功夫都派上用場了，看來拳打腳踢四字很適合他們。

為了避免影響閱讀課的進度，我便**先制止與規勸，讓他們收斂**。想著待會兒下課好好處理才是。

沒料到我才一轉頭，啪啦一聲，閱讀本立體紙雕瞬間完成。我聽到全班倒抽一口氣的聲音。

處理孩子衝突的方法，先靜心

我心裡暗暗嘆了口氣，知道這下子課程必定中斷，因為，兩個孩子的情緒已經超過他們的理智柵欄，我必須幫助他們好好把門閂修理好，否則，那負面情緒會蔓延過整片山頭，到時候要修整可要費一番功夫。

於是，我把自己裝得很生氣的模樣，這是每位有經驗的老師都知道的技巧。正顏，是為了讓孩子知道他犯錯了，正顏之後呢？拿起棍子狂打？這樣的年代早過了。嘮叨念個沒完，完全不是我的強項，偏偏眼前這兩個頑皮蛋才不過十歲，還不到完全聽得懂道理的階段。

所以，我讓他們站在旁邊冷靜幾分鐘。這是我常用的方法，只有靜心後才能溝通，否則全部都是意氣用事罷了！而且，當孩子在情緒上頭，老師是很容易被孩子的態度和用語激怒的，因而我分外重視這名為「冷靜」的幾分鐘。

恰巧這時十二點鐘聲響起，我讓全班先回教室用餐，只把小皮蛋和大滷蛋留下，只餘圖書館的清幽相伴。

讓孩子述說，並同理他們的情緒

站立幾分鐘後，他們果然比較冷靜了些。

我讓他們坐下後，分別說說爭吵過程。

不免會有兩人搶著說的狀況，但我會在一開始就說明：「等一下每個人都有機會說話，當對方說的時候，你先不要插嘴，讓他把話說完。然後，就會輪到你說話。」

孩子知道自己有機會可以澄清，就不會忙著打斷別人。重要的是，當我聆聽一方說話時，只會**引導讓他把話說完，而不給任何的評論**，比如我會重複大滷蛋的感受：「你的意思是小皮蛋用腳踢你，所以你很生氣，你才會也踢回去。」

情緒上的接納往往能緩和孩子的戾氣。透過第三者的解釋與傳送，小皮蛋才會知道自己的行為，讓對方有什麼樣的感受。

否則，一直大聲斥責說：「你知道你這樣讓老師有多生氣嗎？」我覺得把焦點放在「老師」是完全失焦的說法，因為，孩子學會的是「我這個行為讓老師不高興，所以我不應該做。」而不是「我這個行為讓別人不舒服，所以我不應該做。」

當大滷蛋說完後，再輪到小皮蛋說，而我扮演相同的角色，讓大滷蛋確實接收小皮蛋的情緒。

請孩子「自我評價」，並寫在聯絡簿裡

最後，我口述一次整個事件的過程，並問問他們還要不要補充。確定沒有後，進入自我評價階段。

請他們自己先評斷這件事情，是否真的需要爭到面紅耳赤，以及兩個人的對錯在哪兒。一直等到他們幾乎說了八九成，我才在最後加入自己的看法。

這時候早就雲淡風輕了。孩子心中的風暴過去，情緒收回，山頭青綠，理智柵欄架起。

就這樣結束了嗎？沒有，我請他們拿出聯絡簿，自己將過程寫於簿內。

不是為師偷懶，透過書寫，孩子會再次釐清事情經過。

讓孩子學會彌補過錯

寫完後，互相閱讀簽名表示同意。

處理到上述階段後，我不斷問自己下一步該做什麼？除了互相道歉外，好像少了一味呢！

我看著立體紙雕，轉身回櫃檯，拿出兩個膠台，請他們修復對方的簿本。這一貼一黏中，是提醒他自己做過什麼事。

有形的修補書本，也是無形的修補心靈。

我看著這一男一女，一大一小，眼角帶著笑，幫對方修補閱讀本的可愛容顏，覺得，這週的結束真是美妙。

情緒管理

我不還手，因為……

⊙大人可以這樣做

與其單點式執著在學生做錯了什麼事，我倒寧願反其道而行。我試著給予小憨寶更多表現的機會。當他有些許進步，就把讚美寫在聯絡簿裡。

我能感覺到他的內在慢慢穩定下來。

二月甫開學，我用親走阿朗壹古道作為開端，鼓舞孩子嘗試各種不同的事務。

彼時，新年假期的歡樂氣氛殘留在空氣裡，加上如此特別的開場，以及廁所整潔競賽旗開得勝，全班有好一段時間稱得上表現良好，讓我樂得眉開眼笑。

只是，與高年級孩子相處就像上山訪茶，車子在山道裡右拐，這頭陽光直灑，樂得直踩油門。下個彎，那頭濃霧罩頂，得緩速慢行。

如何導正孩子錯誤的行為

一天，孩子從科任教室回來，面色有異。然後，科長慎重其事地說：「老師！剛剛發生一件事情。小雲雀在科任老師背上貼了一張紙條，老師發現後叫她過去問話。她還對老師吐舌頭。」

我萬萬沒想到，平日淘氣的小雲雀竟然吃了豹子膽，做出這樣的事情。同時，我也知道以她的個性，必定有同伴情義相助，叫了一干相關人員來問話後，我帶著班長、副班長、科長和小雲雀四人，親自向科任老師致歉。

這天，大致處理完畢後，我簽寫聯絡簿作結。

隔天一大早到校，因為八點就要進行全學年大會舞練習，我只有十分鐘左右可運用，於是，延續前一天的處理，我請小雲雀過來，**問她家長對於該事件的反應**。

畢竟，孩子行為的導正，就像沏一壺好茶，需要關注水溫，用適當的水流讓茶葉舒展，方能茶香漫溢。所以，我全心全意聆聽、觀察小雲雀的說話神情，不敢有一絲一毫的遺漏。

就在專心的當下，外掃廁所的幾個男生衝進教室來，喘吁吁地說：「老師！小憨寶打人了。」

面對衝突，小男孩卻不還手

我心頭一震，急忙詢問事情的經過。學生你一言，我一語，爭相報導廁所事件。

「狒狒叫小憨寶拖地，他不聽，一直拿著刷子刷洗手台。狒狒跟他說第二次，他突然很用力地打狒狒。」

「還有還有，麋鹿把小憨寶架開了。」

我從七拼八湊的言談中，建構整起衝突事件的樣貌。暗自慶幸有麋鹿路見不平，免除一場可能更大的風暴。

這時，小憨寶握緊拳頭，一臉憤怒地走進來，看得出來他正在情緒風暴裡。然後，麋鹿也跟在後頭。他安靜的坐下來，拿出書本閱讀，隻字不提自己方才見義勇為的舉動。

我決定先讓小憨寶穩定下來，再做後續處理。此時此刻，時針已經來到七點五十五分，我在壓縮的時間縫裡交代幹部整好隊伍，帶著全班去運動場集合。這時，終於完成打掃工作的狒狒也回到教室了。

我讓他和麋鹿兩人留下來，希望能再度確認所有細節。就在麋鹿重新述說時，有一句話燃起我的興趣，他說：「老師！狒狒完全沒有還手。」

這是件非常不可思議的事情，因狒狒人高馬大，體格極好；小憨寶雖然揮拳有力，但是個頭小，同為男生，站在一起，狒狒的體能優勢明顯勝出。況且，十一歲的男孩正值血氣方剛的年紀，少有不還手的。

我好奇的轉頭問：「狒狒，你怎麼沒還手？」

「老師！我以前中年級跟別人發生爭吵過。當時，媽媽就告訴我不能還手，因為我學過跆拳道。」

他又補充道：「而且，其實小憨寶打我不大痛哪！」

「君子無所爭，必也射乎。揖讓而升，下而飲，其爭也君子。」難以想像一個小男孩，竟能具體落實運動家的精神：他不憑恃著自己的先天優勢，不占對方便宜。

更難得可貴的是，即便發生了這起事件，他依舊待在廁所完成分內工作。單是這樣就足以成為全班的表率，所以，我在班上公開表揚他跟麋鹿兩人。

雖然只是一個簡單的動作，但我總是覺得後來全班整體自我要求提高，跟這春日裡偶發的事件，有著難以切斷的關聯。

把讚美寫在聯絡簿裡

那麼，小憨寶的後續發展呢？與其單點式執著在他做錯了什麼事，我倒寧願反其道而行。

我試著給予小憨寶更多表現的機會。當他有些許進步，就把讚美寫在聯絡簿裡，我能感覺到他的內在慢慢穩定下來。

此外，小憨寶變得格外黏狒狒。有時候就像崇拜偶像那般，跟前跟後，直把狒狒當大哥哥。因此，每天我都能聽到小憨寶笑著大喊：「狒狒，不要走，等我。」這時，狒狒一定是無奈的表情相對。任誰都無法想像，之前曾發生過那樣的火爆畫面。

期末，小憨寶在〈展望未來〉短文寫作中記錄著：「謝謝老師教會了我，要控制好自己的脾氣和力量，現在的我很快樂。」

手握著小憨寶的文字，我虔心感謝與這批孩子的奇遇，無論是良好家教的狒狒、路見不平的麋鹿，以及樸素直率的小憨寶。他們，讓我見識到人與人間相處的最美好境地。

情緒管理

男孩，別哭！

⊙大人可以這樣做

這次，我特地挪出時間帶著球員練習樂樂棒，並在場邊觀察與分析每個球員的表現。

在做這些事情的當下，我想的從來不是奪冠，而是營造多元發展的環境，我希望課業表現不突出的孩子，能在運動場找到一片天，擁有各項才藝的孩子，也能夠看到別人的長才。

大導演，是個性情穩定又笑口常開的男孩，再加上口才台風極佳，因而擁有一票男生的支持。此外，他熱中鑽研歷史，每回談及三國時代或是日治時期，總會侃侃而談，如羽扇綸巾的諸葛亮，笑談間灰飛煙滅。

但大導演真正讓我為之惻然的是運動場上的眼淚，我看到一個心理素質高的男孩，爭取榮譽敗戰後所流下的珍貴淚水。

借力使力，帶動全班運動風氣

二〇一二年，林書豪旋風席捲全台。此時，五年級其他班級還在風靡躲避球運動，大導演已經快手快腳帶著一顆籃球，問我：「老師！下課可不可以去打籃球？」我當然直說好。所以，每次下課總有一堆男生跟著他衝去球場廝殺，再帶著一身汗水回來。

沒去球場的日子，他們群聚討論尼克球賽，再三不五時央求我，幫他們上網查查最新戰績，那段時間班上瀰漫著運動狂熱。像是一層層漣漪，這股籃球運動魂不斷外擴，正式讓班上進入運動戰國時期，於是，柯南帶來了林書豪的大張海報，請我貼在公布欄，大導演可愛著呢！就像看到偶像那樣，經常目光炯炯，對著海報自我砥礪。

爾後，熱愛閱讀的洋甘菊帶來青少年雜誌所出版的林書豪特刊。**我把這份專刊影印三十份，讓學生當作回家閱讀作業**。這般借力使力的經營策略，果真帶動了全班運動風氣，幾個女生還跟男生下戰帖，要在籃球場上一決高下。當然，我樂見其成，希望女生也能多多培養運動習慣。

運動魂若非經過競賽，則不會掀起團隊意識，也不會讓運動選手檢視自己的意志力堅強與否。

第一場團體運動競賽是大隊接力競賽，大導演被安排在倒數第二棒，比起最後一棒，這棒次的壓力也不小，因前面棒次的努力至此幾乎成定局，除非是拉鋸戰，否則難以扭轉情勢。

在正式比賽前，我看過班上的選手練習，心知他們要在接力賽有亮眼的成績不易，主因是速度快的選手過少。即便如此，我還是沒有任何表示，只是不斷告訴他們努力就好，沒料到大導演擁有滿腔熱忱，希望能一舉擒王，最終，結果不盡理想。

落敗後的情緒地震

當我領著一票接力選手回到休息區。突然，素來未曾發過脾氣的大導演，大聲對綜藝咖吼叫，並流下淚來，起因是綜藝咖把大導演的冷飲翻倒了。

被嚇到的綜藝咖搓著手說要買一杯來賠償，但大導演始終垂頭說不用，其他男生的安慰也未見效用。

當時，我還不知道是比賽結果引發的情緒反應，只是基於老師關愛的立場，等他情緒發洩後，輕輕拍拍他，問：「綜藝咖說要賠你一瓶飲料，好嗎？」他搖頭。

「那為什麼這麼難過呢？是因為這瓶飲料是弟弟送來的，你覺得抹殺了弟弟的好意？」他還是搖頭。

「所以，你的難過是因為？」

我以為大導演還是會繼續流淚不語，沒料到他說：「我們輸了！」

短短四個字道盡這孩子對於團體競賽的重視，如此真情流露，讓我看到一顆透澈又柔軟的心。

運動家精神，愈挫愈勇

大導演具有天生樂觀的性格，收起接力賽的挫敗後，他繼續打籃球。改變的是我，我決定有意識的訓練全班的運動心理素質，雖然本身並沒有特殊體育專長，可我善於援引與整合各項資源，所以，在魔王班級要約我們利用週五下午進行躲避球聯誼賽時，我馬上應允。

第一場班際躲避球友誼賽，我們被打得落花流水，這是繼接力賽後的再一次挫敗。好幾個學生嚷著不想比賽了，而我眼尖看到大導演始終秉持不卑不亢的態度，不曾喊過一聲放棄，也慶幸好在魔王是恩澤他班的老師，他利用空檔召集我們班上的球員，告訴他們如何形成戰術，如何分配發球，團聚戰力。

在接下來的躲避球友誼賽裡，幾個主力戰將容光煥發，拉近雙方比數，也打出了自信心，當然，包括大導演，他有種愈挫愈勇的姿態。

我則化身教練，定期集合來分析雙方戰術優劣勢。我不知道的是，這樣的心理素質訓練竟有開花結果的一天。

課業表現不突出的孩子，在運動場找到一片天

三月底，來了一份五年級樂樂棒球比賽辦法，體育老師的推薦名單上當然有大導演，但因為無法抹去大隊接力和班際躲避球的陰影，幾個重要的運動好手，如狒狒，甚至私下跟我說要退出比賽，幸好，被我挽留了。

這次，我特地挪出時間帶著球員練習樂樂棒，並在場邊觀察與分析每個球員的表現，我看到大導演被安排在重要的打擊棒次，也再次印證他具有運動長才。

在做這些事情的當下，我想的從來不是奪冠，而是營造多元發展的環境，我希望課業表現不突出的孩子，能在運動場找到一片天，擁有各項才藝的孩子，也能夠看到別人的長才。

另外，我也想打造專屬球隊。非球員就是球迷，球隊與球迷共享甘苦。如此，班級才能團結一致。所以，我曾把這些樂樂棒球員找來，賦予他們重要的使命：「你們必須努力打球，扭轉全班接力賽失敗的挫折感。」終於，我們準備上場了。

相信自己能做到

第一場賽事，我們對上接力賽前六強的班級。走上場中央時，我能感受到這群選手心中的忐忑不安，就連場邊的啦啦隊也不敢吭聲，但也許是平日訓練得宜，他們平穩的開出紅盤，並聽從隊長指揮，有效抓到打擊點，接連得分，漸漸地，啦啦隊也忍不住情緒高昂，為這群選手歡呼。終場，我們以九比七獲勝。

這對全班來說是很重要的一場賽事，他們終於相信自己可以做得到，而曾經哭紅雙眼的大導演也笑得開懷。

在第二場賽事來臨前，我又撥出早自修時間，讓選手練習，只是，我不再一一盯緊每場練習，而是要隊長報告每次的練習重點和結果。

第二場賽事更具有指標性意義，因為，這是取得冠亞軍賽的關鍵，以及我們對上了魔王班級。

那天，如同大軍來襲，我方謹慎以對，包括大導演等幾位領導選手臨危不亂，做好現場指揮調度工作，終以小蝦米對抗大鯨魚之姿拿下勝利。

終場哨音響起，全班歡聲雷動，頗有職棒冠軍賽，彩帶從天而降，歡愉滿場的味道。這次，我看到大導演用力抱住同伴，欣喜掩不住，畫面很動人。

進入教室後，**我立即分析戰況，讓全班知道他們獲勝的原因在於堅持與合作**。那天中午，我買了紅茶冷飲宴請全班，並不忘叮嚀做人的道理，要他們拿到紅茶後一定要來跟我道謝。只見大導演率領組員，有模有樣的一字排開，高聲朗誦：「我，代表全組向老師說，謝謝您！敬禮！」其他組員動作整齊劃一致敬禮，那情那景烙印我心。

頂著兩場勝利的光環，大導演那幾天走路有風，對於冠亞軍賽事更有絕大的信心，這也顯現他積極進取的精神。只是，我看到其他選手因為天氣轉熱，練習狀況不佳，內心起了擔憂。

賽前三天，我刻意停止所有練習，希望挫挫幾位選手的銳氣，並幫他們穩住陣腳。預定比賽當天早上集訓，一鼓作氣直搗黃龍。只是，人算不如天算，賽事突然提早，選手們個個措手不及，最終將冠軍拱手讓人。哨音響起了，但得到的不是歡呼，而是靜默，我決定先走回教室，準備啟動賽後輔導機制。

孩子受挫力的培養

「老師！男生在一樓廁所哭。」同為選手的向日葵走進教室時說了一聲。

糟糕！情況比我想的還要嚴重。不一會兒，全班都進入教室，我瞅了大導演一眼，果然，他如兔子紅眼睛那樣，坐在位置上難掩悲傷，幸好，有了過去幾場勝利與戰敗的經驗，這回的他情緒恢復得很快。

不一會兒，馬上被我拿出的蛇皮果吸引。帶著淚水的眼神閃閃發亮，笑鬧著要品嘗這特別的東南亞水果滋味，班級氣氛很快就活絡了起來。

這回，我沒再個別跟他談話輔導，因我知道這個孩子已經擁有足夠的受挫力與情緒管理能力。對了，大導演的名號如何來？是因為他發下豪語想當舞台劇導演，我們拭目以待。

樂樂棒球冠軍賽後日記

今天跟甲班比樂樂棒時，因為是早修。所以很多人的狀況都不大好，最後我們得到亞軍。在比賽完的時候，我想起我從前對哥哥說的話。那時，我跟哥哥在玩球，我接不到球，哥哥就笑我。後來，我跟哥哥說：「我們不要管輸贏，只要好玩就好了。」這場樂樂棒球比賽真好玩。——紫桔梗

這次五年級的班際樂樂棒球比賽在四月二十七日精采的結束了。冠亞軍由五年乙班對上五年甲班，因為突然提前比賽，雙方似乎都有點手忙腳亂。而我方因多天休息而沒練習，所以有點小失誤，以三分之差落敗。賽後，有些選手痛哭流涕，非常自責自己沒有爭取到最高榮譽。但回想起來，這也是難忘的一次回憶，比賽不一定穩贏不輸，十年後想起來必定又會有很不一樣的感觸吧！——山茉莉

今天我們跟五年甲班打決賽，因為體育老師考慮到我們上課的進度，所以就把比賽時間改到早自修時間，全班的壓力非常大。一開始我們先攻擊，比賽開始時我的心跳不停的加快。可能是因為壓力太大而輸了比賽，所以我們只好把冠軍寶座拱手讓人。——開心果

情緒管理

面對情緒，無所懼色

⊙大人可以這樣做

面對孩子的挑釁，我學會轉換自己的「教師眼睛」，放低「教師姿態」，從「孩子目光」看「教室事件」。

這樣的自我學習，使得我能夠客觀的掌握孩子的所有情緒反應，並做出合適的相對應處理，而不是只顧著讓自己的感情宣洩有道。

「噹噹噹噹！」下課鐘聲響起，學生魚貫的從圖書室走到廊下，穿鞋，繫帶，起身，排隊。

此時，俐落的班長已經站在前頭準備整隊。就在這一秒鐘，班長和魚仔起了衝突，那是刀光劍影的片刻，只覺一方刀出，一方相迎。

我還來不及有任何反應時，恰巧站在一旁等候的該班前科任老師，立即協助處理。然後，他告訴我，剛剛是因為班長不小心撞到了魚仔，兩人起了衝突。

我點點頭，轉身請班長整隊，畢竟剛剛已有老師處理過，我不想接續這個話題，但這不表示我「沒有態度」。所以，就在全班心裡暗自猜測：閱讀老師應該就這樣吧！然後，他們往前踏出兩步時，我把魚仔喚住了：「魚仔！你留下來一下。」

讓孩子遠離情緒風暴的方法

這點出乎魚仔的預期，所以他迅速武裝自己，用不耐的口氣回應：「幹嘛啦！」

我還是文風不動：「請你留下來。」

接著，我開口了：「剛剛上閱讀課的時候，你是不是沒跟著觀賞影片？」

魚仔不得不隨著我的話題轉彎而點頭，我的用意就是讓他遠離剛剛的情緒風暴。

「不過，你最後能夠說出這段影片的重點很不錯。」

我加入了讚美，以及用手勢表示肯定。魚仔的情緒曲線稍稍平緩。

「我想你應該知道這是一堂閱讀課，所以，下次我希望你能夠先跟著課堂活動。然後，再利用空檔時間去閱讀。」

魚仔這時候變成一隻優游自在的魚兒，輕輕擺動身軀。

「可以做到嗎？」我微笑地對著他。

他點頭，帶著一身祥和氣息離開我的視線。

走路回辦公室途中，我的腦海裡還留著剛剛與魚仔對話的餘韻，然後，回憶盒自動開啟，跳出了多年前與風仔的對峙畫面。

在說那故事之前，應該先說每位老師都有自己的風格，而**對於孩子行為所做的任何反應，追根究柢都和自己的性格與受教經驗息息相關**。

比如，當我們在求學背景被要求午休一定要趴著睡覺，然後才不會被風紀股長登記時，我們就學會要遵守這項規則。然後，有一天我們成為了老師，學校依舊有午休時間，這時候我們還是會這樣要求自己的學生。

另外，當孩子犯錯好幾次後，為什麼有些老師還能夠持續有耐心的引導？有些老師可能只能接受一次再犯？這都與老師的個人特質和信念相關。

而這**所有習以為常的經驗除非經過有意識的省思和轉換，否則很容易代代相傳**。而我，初為人師前五年，所作所為完全體現個人特質：有熱情，但思慮不周。

風仔，是個有著瞇瞇眼的女孩，在我成為她的導師之前，便知道這孩子素質優，但有些生活習慣不佳，比如容易與人發生衝突，以及挑食習慣嚴重。

前者影響的是人際關係是否健全，後者影響的是老師班級規則的執行度。而那天，這兩個因素加在一起，就像隕石撞地球那樣，在地面上鑿出了一個巨大坑洞。

師生激烈對峙

事情發生在上午第四節體育課，十二點鐘聲響起後，全班依序走回教室，班長忙不迭報告：「老師！剛剛風仔跟體育老師吵架。」

「那她現在在哪裡？」

「被老師留在司令台講話。」

我知道除了等待她回來，我暫時什麼都不能做。所以，我讓全班先打飯菜，然後用餐。

約莫過了五六分鐘，風仔帶著一臉桀驁與疏離走進教室來。身為老師的正義感和使命感，容不得我再多等待幾分鐘。先是把她叫來確認事情發生經過，瞭解原來是她上體育課發呆，被老師當場糾正後情緒爆發，直接在現場跟老師頂嘴。

這怎麼可以？實在難以容忍，我心中的道德線節節升高，完全無法接受風仔這樣的態度。但幸好理智占了上風，我抬頭看到時間來到十二點十五分，決定先耐住脾氣，讓她吃過飯再談。

沒料到風仔情緒完全爆發，她雖然乖乖拿出餐具，卻文風不動坐在位置上。

其他孩子見狀，當然紛紛告發：「老師！風仔不去盛飯。」

「老師！風仔說她不要吃飯。」

孩子這時候的反應只能說擴大了這個坑洞的燃燒範圍，就像火上添一罐油般，我原本強壓的情緒也被掀起，大聲的斥責她：「風仔！去盛飯！」

她轉頭看了我一眼。五秒鐘的對峙後，她起身盛了飯。然後，她入座，但不動碗筷。

這挑釁的行為徹底激怒了我，我發出第二次警告：「你不吃可以，但請打電話給家長。只要家長說一聲，我就不勉強你吃飯。」

我只能說當下的我完全被情緒主導，內心只想著：怎麼可能讓做錯事情的風仔恣意妄為。

但風仔完全不是省油的燈。她站起來說：「老師！我去打電話給我媽。」

全班默默的吃了兩分鐘的飯，風仔回來了。

我估量了一下，從三樓走到一樓電話亭，打通電話再上來，絕對超過五分鐘。所以，我知道她是作樣離開教室一下，於是，我虎虎生風站起來問：「媽媽同意了嗎？」

風仔不說話，揪了我一眼再低頭。

「那你就把飯吃完。」

這孩子拿起碗筷來，一口一口吃了起來，時間來到十二點三十分。

學習從「孩子目光」看「教室事件」

與風仔的對峙就此告一段落，後續當然也處理了她與體育老師的衝突事件，但多年過去了，我記得的是在那二十幾分鐘情緒失控的自己。就像一面鏡子放在眼前，鏡裡完全無遮瑕的反映出我的信念：尊師重道是首要考量。風仔碰觸了這條底線，所以，我的情緒如狂潮湧上。

後來幾年教學經驗多了，慢慢學會轉換自己的「教師眼睛」，放低「教師姿態」，從「孩子目光」看「教室事件」。

這樣的自我學習，使得我能夠客觀的掌握孩子的所有情緒反應，並做出合適的相對應處理，而不是只顧著讓自己的感情宣洩有道。

很多時候，我常想著，大人對於高年級孩子層出不窮的情緒或衝突事件，往往採取壓制的手段，或是先入為主的認為孩子有這樣的反應就是因為哪些原因。

這樣直斷式的思考與歸納，其實反映了兩個字：恐懼。

恐懼孩子會打亂原本設定好的班級常規，恐懼每幾天就要花時間處理孩子的暴力反應，恐懼這個班級無法順利上常軌。

恐懼是底層，表層是怒氣。為師高舉怒氣旗幟後，沒幾個孩子不掩面跪落。但是，孩子的情緒是否被安撫了？事情的真相是否彰顯了？這些問題很可能就隨風飄落。

憶起魚仔的背影，我真希望時光能倒流。再來一次，我跟風仔不必落到相抗的局面。我會好好正視她的情緒，瞭解上體育課發呆被老師現場糾正，是不是覺得顏面盡失？然後，協助她轉換思考的角度，想一想體育老師如果不糾正，會對上課造成什麼影響？而她頑固的不吃飯是不是怒氣遷移？

再來一回，我會更勇敢地貼近孩子。

情緒管理

如果你希望我成為很好的人

⊙大人可以這樣做

我先在全班面前做第一層處理，讓孩子知道就算被擾怒，也不應該有暴力行為。

下課後，我把旋風俠和大砲叫來私下柔性勸導一番，而每次總沒例外，多數孩子一旦離開眾人批判的目光現場，就會收起爪牙，卸下心防，承認自己的錯誤，旋風俠就是如此。

開學已然進入第三個月，已經習慣閱讀課跑班的日子。這天，結束了「書的手藝人」主題課程，準備進入「春神跳舞的森林」。我猜四年級的孩子應該喜歡這樣帶著童話般的故事吧？我邊想邊開心的走入教室，發現全班瀰漫著不安的氣氛，幾個平日好動的孩子不在教室內。

拒絕上課的孩子

細問方知旋風俠不想上一門課，跟任課老師起了衝突。情緒翻動下，竟然趁著大夥兒不注意之際，偷偷溜出校門口。火箭與大砲則跟著導師忙進忙出，到處尋人。

那堂閱讀課，我必須力求鎮定，讓其他學生依舊保有上課的權利，所以，我維持原本的上課節奏，讓整堂課不因這起事件而受影響。

但我心裡總是掛念著旋風俠。他是個活潑的男孩，雖然好動，偶有暴烈行為，比如追著同學跑，或遇到不開心的事情，說話口氣不佳，但在閱讀課裡還算安分，尤其每回到了獨立閱讀時間，他總是很認真的挑選自己喜歡的書本，沉浸其中。

那專注的模樣，與他素來調皮的樣貌，有著強烈的對比。

我總相信愛讀書的小孩內心柔軟。那麼，到底發生了什麼事情？讓他拒絕上課，逃出校門。我雖然想要關心，但畢竟自己只是一位科任老師，也無從得知前後原委，下課後就回到圖書館。

隔週閱讀課，旋風俠乖乖坐在位置上。我找了下課空檔，問他上週的事情，他睜著晶亮又單純的雙眼，四兩撥千斤的說：「老師！沒事啦！」然後，調皮的湊到走廊的花台旁觀察花草蟲兒。

孩子面對重大事件時，越是雲淡風輕，越是代表內心的衝撞未能紓解，只是困於我的身分，以及每週只跟旋風俠相處四十分鐘，實在愛莫能助，充其量就是每次上課跟他說幾句話。或是在走廊遇到時，也會關懷他過得好不好。當然，他依舊調皮，依舊愛看書。

別開生面的書籍口頭報告

時光流逝，期末來臨，我安排每個學生都要自己挑選一本書籍作口頭報告。同時，為了讓他們重視此事，因此，我在每班都挑選一位攝影，一位司儀，一位拍照，一位計時，共四位小幫手。

我呢？則是事先安排好每個人上台報告的順序，然後別開生面辦了一場行前訓練，把十二個班級的所有小幫手聚集起來，說明拍照、攝影、計時以及擔任司儀的技巧。

總之，因為弄得像個小舞台，除了小幫手眼角帶笑，摩拳霍霍，準備大展身手外，其他學生也像武林高手準備登台前，個個練得勤奮，還再三詢問：「老師！真的會有攝影機嗎？」看我點點頭，才開心的離開。

這樣的歡樂當然也在旋風俠的班級蔓延開來。我問他挑了哪本書要報告，他語氣熱切的拿起一本自然百科，說要介紹昆蟲。

再問他：「上台會不會緊張？」

「老師！怎麼會，我很高興可以上台。」

我心裡暗暗期待經過這些時日的催化，他是不是已經能夠放下心中的暴烈火球，找到情緒的出口。

只不過，事情的走樣實在令人措手不及。

孩子抗衡世界的方法，令人心疼

那天就是正式報告日，我才走進教室，就看旋風俠一臉不悅，橫眉豎目，雙頰鼓起，看起來氣呼呼，知道他情緒又起了，只是不知道是上堂課發生了什麼事情。

我便先擱置他的情緒，安排所有小幫手就定位。然後，讓全班依序上台。因為整場活動有學生掌握，我可以安心批閱分數，當然，也可以偷空觀察旋風俠的反應，但就在我抬頭看著台上報告的學生時，旋風俠突然從教室前方衝到後方，拿起一個空的塑膠瓶，對著大砲的頭猛敲。

我當場喝止，旋風俠依舊怒眼對著大砲。旁邊的同學七嘴八舌，拼湊那短短幾分鐘發生的事情。原來是愛玩鬧的大砲，沒弄清楚旋風俠的脾氣，拿著小花草去逗弄他，旋風俠忍無可忍，才起身追打。

在國小教室裡，老師處理各個衝突事件，幾乎都要顧及群體和個人。因為，孩子的心智正在發展，價值觀正在形成，所以，當班上發生事情時，即便和孩子自身不相干，但**老師的處理方式，就是一種價值判斷的具體呈現**。

所以，面對旋風俠的失控行為，我必定得先在全班面前做第一層處理，讓孩子知道就算被攖怒，也不應該有暴力行為，不過，我也很清楚這樣的處置順序，對於心性高或正在情緒風頭上的孩子來說，有時候只是加速燃點罷了！

所以，我當場表現得一副很生氣的樣子，但下課後馬上平息怒火，並把旋風俠和大砲叫來私下柔性勸導一番，而每次總沒例外，多數孩子一旦離開眾人批判的目光現場，就會收起爪牙，卸下心防，承認自己的錯誤，旋風俠就是如此。

也因為這樣，我更是確認他的本性不壞，只是習慣用這樣的方式抗衡世界。

孩子提醒了我，一顆透澈無偏見的心有多重要

在那之後，他們升上五年級，我依然在圖書館工作，只是換了新的一批四年級學

生。有一天，下課時間，圖書館辦公室敲門聲響起，我看了看，竟然是旋風俠。

他突然竄到我身邊時，那短短幾秒鐘，我閃過去年他四年級時，曾經做了很多讓老師印象深刻的事情，所以，我用：「很久沒看到你了。」當作開場白。

讓我驚訝的是，他不但主動詢問我最近工作情形如何，更主動談及過去的諸多衝動事情。

他說：「我現在很好，但是，去年我闖了大禍，有一個科任老師一直罵罵罵，我就生氣的跑出學校，阿公把我載回來，爸爸也來學校。」

他說這話時有一種坦然與省思，不像一個小五男孩。

「你們班不是還有其他人也做了許多不好的事情嗎？」我反問。

「沒有，他們只是抓抓蟲，或是上課遲到，不像我，我跑出學校是大禍。我喜歡現在的老師，因為，**如果老師對我很壞，我就會很壞，如果老師對我很好，我就會很好。**」

這番話如同智者醒世之語，我放在心裡，斟酌且警惕自我。

親愛的旋風俠，謝謝你教會了我，帶著一顆透澈無偏見的心有多重要。
這樣的春日午後，我們有這樣的對話，就像一杯花茶，鎮定又撫慰人心。

Part2

時間管理

這世代的孩子，行程表裡非學校即補習班，這兩個處所皆有定型化的時間表，也因此回家或放假時，整片空白的時間白布，就顯得珍貴異常，恣意揮灑之後，往往塗個浪費時間的封號。

這事，需要大人有意識的導引，從旁協助他規劃自己的行程表，並大膽的放手。雛鳥高飛，也須練習數次後才能翱翔天際。

時間管理
舒展、重整你的時間

⊙大人可以這樣做

我盡可能每天早上就公布功課，同時輔導孩子覺知自己一天的作息，決定自己的功課要在何時完成。

這原則說來只有三行文字就結束，執行上卻是要花許多時間和技巧，才會有些許成效，因為，我正在協助孩子形塑的是「時間管理概念」。

第一次帶班的時候，總是充滿著熱忱，盼能將教室變成理想國，所以，完全忽略安親班的存在，每天給足了功課分量，卻又不准孩子在校完成，只因我希望下課時間他們能夠外出活動筋骨。

就這樣持續了一段時間，終是在某回，家長問：「黃老師，可不可以讓孩子在學校寫功課？因為他放學後還要去安親班，除了學校功課，還有安親班作業，寫都寫不完。」那時，我覺得自己就像聽到十二點鐘響的灰姑娘，重回現實裡。

讓孩子學會管理自己的時間

也是在那次之後，我發現自己在**規劃全班的任何活動時**，定不能只眼觀學校時間，**要把縱軸拉長到孩子放學後，要把橫軸擴張到孩子的家庭與補習範圍**。

所以，我開始調整自己的態度，盡可能每天早上就公布功課，同時輔導孩子覺知自己一天的作息，決定自己的功課要在何時完成。

這原則說來只有三行文字就結束，執行上卻是要花許多時間和技巧，才會有些許成效，因為，我正在協助孩子形塑的是「時間管理概念」。

尤其對於高年級孩子來說，是否具備良好的時間管理概念，會直接影響他的校園生活。

學科知識加深、加廣後，作業量比起中年級更多，外加音樂、美術等等定期需要繳交作業，還有許多課外活動，如體育團隊要參與。可以想像，一個十歲的孩子，如同走在時間繩索上，顫顫巍巍。

讓孩子學會做時間的主人

當我第二次擔任級任老師時，更是做了非常大幅度的調整，我相信要**把更多「時間」留給「孩子」去探索與管理，而非凡事由老師決定**。

每天早自修、最後一節和部分午休時段（註），我設定為空白課程。扣除一定要參加的學校活動外，一切交給孩子自由運用，加上每節課末都會留三到五分鐘，所以，一天內屬於孩子的時間，至少有一個半小時。

這樣的彈性處理後，再也沒有家長或學生反映被時間綁架了，學生作業缺交也變得很罕見。因為罕見，更能夠個別化處理。

一天，我翻開作業登記本，發現小辣椒竟然週一、二，連續兩天都缺交功課，便把她喚來瞭解狀況。

很怕被責備的她，未語淚先流：「因為昨天晚上要補英文，所以，我的功課寫不完。」

「英文補習從幾點到幾點？」

「四點半到六點多。」

「補習結束後做什麼事情？」

「回家吃飯和洗澡。」

「學校的功課幾點做呢？」

「洗澡完後。」

「所以，大概幾點睡覺？」

「十點左右。」

小辣椒以為我會劈頭罵她，怎麼不在學校完成功課。但我很平穩地說：「這樣代表每週一你基本上沒有時間可以回家寫功課，所以，從下週一起，老師早點讓你知道當天的作業是什麼。你自己要調整下課遊戲時間，至少在學校完成一項。如果真的作業太多，我可以讓你延後一項到週三交。」

聽到我的回應，她總算破涕為笑。

懂得把握時間的孩子

然後，隔週一，她下課時間坐在位置上，好友邀她去玩，她很明確的拒絕：「我不可以去，因為我今天晚上要補習，我現在要先寫功課。」

我在旁聽到她的回答，覺得小孩真的長大了。回想上學期她只要聽到鐘聲就衝出去，哪管自己有什麼沒做完的事情，如今，卻可以好好善用自己的時間。

每天每天，我都能看著這群孩子如何把握時間，並分享好的例子，讓其他還不懂得掌握要領的孩子，學習同儕的方法。

就像林書豪入主成為本班運動精神領袖後，一群男生開始密切注意體壇動向，分享各類球賽的規則，同時，也喜歡收看運動轉播節目。

春日，長臂猿帶著害羞的表情走來問：「老師！我可不可以中午午休寫功課？」

「為什麼呢？」

「因為晚上我想要看籃球轉播賽，我怕回家後又要補習，功課會寫不完。」

「好，但是你要用兌換的方式，既然午休是四十分鐘，那麼明天你要用四節下課來抵換。」

「沒問題！」

想當然耳，長臂猿例子一開，又是掀起一陣模仿風氣。我想，若能把時間當作一份美好的禮物送給孩子，他們會更懂得珍惜，親師生三方都會更悠閒與自在。

註：五上階段午休全部開放學生運用，五下改為學生集點可兌換的禮物之一。

時間管理

因為，你才是主角

⊙大人可以這樣做

我想做的就是幫花栗鼠重新建立學習習慣，所以，我叮嚀他去購買三個資料夾，隔天帶來讓我檢查。同時，開始把之後發下的複習卷整理好。

在這過程裡，我同時也把處理方式簽寫在聯絡簿，請花栗鼠的家人一起幫忙。果然，花栗鼠再也沒弄丟過複習卷。

翻開泛黃的回憶扉頁，我看到自己正化身為說故事魔女，在英文教室裡說說唱唱，引爆全班的參與熱潮。再把視線移到黑板，左側是小組競賽海報，右側寫著本週作業。

在那個初為人師的年代，我面對的挑戰包括：一週需上滿二十四堂英文課，且一人包攬三、四年級，二十四個班級的英文課。該如何讓一套課程可滿足二十四個班級裡，七、八百位學生呢？每週變化一套活動？第二週必定不能跟第一週重複？每個活動要達成的學習能力也應該不同。

如果以這樣為訴求的話，我該如何在一週七天內同時備課、批改作業，以及完成其他教學事務？

一開始，我幾乎是被課程進度追著跑。週五下班後無法放鬆，想的全都是下週該怎麼上課，所以，週末兩天拿來備課，接著週一再度到來。

這樣的高密度上班好一段時間，直到第二次成績評量到來，我發現自己必須在兩天內批改完七、八百份考卷，這鐵錚錚的事實讓我沮喪不已，而且，我內心出現一種聲音：其實你並不適合當老師，還是想想其他行業吧！

就在這樣的絕境裡，我一個人孤零零的奮鬥，每天邪惡天使都呼喊著：「快走吧！

再繼續做下去，你只會消耗殆盡。」然後，善良天使則是使勁拉扯著：「留下來吧！這麼多可愛的學生，以及這些有趣的課程，不正能讓你好好發揮專長嗎？」

從時間管理下手

於是，我還是每天上課活力四射，放學就癱軟在椅子上，直到某個微妙時刻：我知道自己不能再用這樣的態度工作。所以，我著手調整自己的工作節奏，首先就是從時間管理下手：我要求自己至少把課程目光放在一個月後，因此，每次的課程至少以一個月為範圍。

在這個月內，訓練口語表達能力要用哪些方式，這個月內有哪些節慶要融入教學，這個月要不要找一本圖畫書來導入讀寫活動呢？似乎，雛形逐漸具體。

然後，我也不知哪來的靈光乍現，**開始在教室黑板寫上每次的課程進度和作業，讓學生清楚知道自己每次該完成的目標**。就這樣，我的第一年菜鳥教師生活有了一些轉變，然後第二年也過了，第三年開始覺得自己應該沒入錯行。逐漸地，我認可了這份職業。

直到我教學第九年，也就是第二度擔任導師時，我才發現當初的時間管理自我訓練經驗竟能契合這個世代孩子的需求。

一步一步，找出孩子缺交作業的原因

這故事的主角是花栗鼠，他常常害羞的不敢跟我正對眼，寫作雖然語句無法很流暢，但可以讀出他有自己的想法。我覺得這點非常重要，所以經常讚美他這方面的表現。對於其他學科表現不盡理想，我從沒指責過，只是要求他要如期完成作業，以及確實的訂正錯誤。

有一陣子，我注意到花栗鼠開始缺交評量複習卷，第一天，我什麼話都沒說。

第二天，我說：「花栗鼠，要趕快補交複習卷。」他默默的點頭。

第三天，同一張複習卷還是沒交過來。

花栗鼠說：「我找不到複習卷。」

「那麼，請你利用這個週末仔細找一找。下週一如果還是沒找到，我們來想辦法。」

通常，到了這個階段，我就會把這樣的規格放大，在心中劃定這是一個輔導個案。

隔週一，花栗鼠帶著恐懼的表情，聲音微弱的說：「老師！我還是找不到。」

我便開始帶領他回憶自己的時間和空間表。

我問：「比如今天有一張複習卷，你拿到後會放在哪裡？」

「書包。」

「那你會放在書包的資料夾嗎？」

「不會。」他搖搖頭補充說自己沒有資料夾。我就此知道孩子的收納習慣未養成。

接著，再把時間導入放學後。

「那麼你放學後會先做什麼事情？」

「我先把書包放好，然後看電視。」

「電視看多久呢？」

「兩個小時。」

「每天都兩個小時嗎？」

「對！」

「那家人知道你看這麼久的電視嗎？」

「不知道。」

「好，我瞭解了，那麼看完電視大概是幾點？」

「我不知道。」

在我的時間輔導經驗裡，像花栗鼠這樣回答的孩子是多數，他們通常不會特別意識到自己的時間表。

所以，我會幫忙估算：「好！你剛剛說大概兩小時，那應該是六點。六點之後呢？」

「我去洗澡和吃飯，然後寫功課。」

「所以，代表你把功課放到最後才處理，對不對？」

「嗯。」

「那當你開始寫功課時，你會把複習卷放在哪裡呢？」

花栗鼠的表情一片茫然，足見他對於自己的桌面配置也是概念模糊，因此我繼續問：「每次老師發下的複習卷，你會放在書桌的固定地方嗎？」

「不會。」

所以，複習卷會消失，原因已經找到了。

幫孩子建立正確的學習習慣

接著，我想做的就是幫花栗鼠重新建立學習習慣，所以，我叮嚀他去購買三個資料夾，隔天帶來讓我檢查。同時，開始把之後發下的複習卷整理好。

在這過程裡，我同時也把處理方式簽寫在聯絡簿，請花栗鼠的家人一起幫忙。果然，花栗鼠再也沒弄丟過複習卷。

在閱讀教學理論中，有一種叫做放聲思考（think aloud），這也是屬於內省法的一種，也就是透過受訪者的口述內容，來建構他的內在認知歷程。在閱讀歷程中的應用方式，是讀者說出他讀了什麼，有什麼想法，有什麼評論，教師可以依此知道讀者如何建構文本的意義。

我只是引用這樣的概念，帶著孩子重新認識他自己的時間帶，確認個人的學習習慣，然後，想一想該如何做調整。

高年級的孩子如果不是透過口述，教師往往很難具體而微的瞭解孩子到底如何規劃那「看不到的課後時間」，所以容易在課堂上面對孩子缺交作業或而發脾氣、或而決定放棄。

其實，只要讓孩子瞭解他是自己時間表的主人，成為那個能夠影響觀眾目光的主角。那麼，他就會重視這件事情。當然，離做好這件事情就不再那麼遙遠了。

時間管理

照亮這條小徑

⊙大人可以這樣做

我能理解孩子所做的反應，但並不表示她這麼做是對的。所以，那天我提供她幾個解決方案：第一，退出圖書小志工。

第二，留在圖書小志工團隊裡，但週五如果要練習體育團隊，一定要事先請假，看看要找人代班，或是另外找一節下課補班。

開學初，學校發下了一張「圖書小志工」意願徵求單，我在班上公開此事，請有興趣的孩子來登記。下課後，飛魚率先來表明意願，接著，雲豹也走了過來。我把兩個孩子的名字寫在表單內便收下。

當天前去圖書室影印資料時，巧遇負責管理圖書小志工的老師，知道她是飛魚四年級的導師，我就這麼順口提及：「飛魚說要當圖書小志工。」

她的眼睛瞬間睜大：「真的嗎？可是她不是你們班的班長？她很負責又細心，如果來當小志工，我當然歡迎，但是班上ＯＫ嗎？」

這話，一開始讓我丈二金剛摸不著頭腦，但迅速消化兩秒鐘，便知道她的意思。

我笑了笑說：「沒問題。」同時，聯想起當我在圖書館工作時，臨時要向班級借將，導師確實曾說過：「不好意思，只能借你一位。班上至少還要留一位大將。」

兩相結合，我終是明白原來許多導師在調配班級人力時，總會考量留個幾位能幹伶俐的孩子。

讓孩子多方面找到學習的喜悅

坦白說，即便我知道有這樣的運作思維，但我從未這樣想過，也不打算這麼做，因為三個因素。

第一，**高年級孩子格外需要培養第二專長或興趣。我認為課堂外學到的經驗更為真實，除了能激發出孩子的潛力外，也能同步訓練人際關係。**

因為，這些課外社團必定混班又混齡，對每天都要跟三十位同學共處一室的孩子來說，這毋寧是另一種合作學習的機會。

第二，我向來不把雞蛋放在同一個籃子內，所以，班級事務不會固定集中在某幾個孩子身上。

取而代之的是，我會**建立一套完善的「代理制度」**，讓全班知道如果班長不在，那麼第二順位負責人是誰。這麼一來，不僅班級事務永遠有人可以擔起，另一方面其實也是提醒我，多開發班上所有孩子的潛能。

但，上述兩點都抵不過最重要的第三點，那就是這份工作是孩子主動表達意願要做的，我找不到任何可以阻擋的理由。

身為一位老師，應該是**讓孩子找到學習的動力與喜悅，然後盡力促成他深度探索，以便內化成專業的能力**。

把選擇權交給學生，讓學生學會負責

我秉持這樣的理念，把班上的孩子一個個往外推，甚至只要他們能力與時間許可，我不介意孩子同時參加兩個社團（團隊）。

正如另外一位圖書小志工「雲豹」，在她報名圖書小志工後，體育團隊的召集令也下來了。擁有這項專長的她，順利的通過測驗，取得參加團隊的資格，但是，這時手拿家長同意函的雲豹猶豫了。

她說，自己四年級時曾經入選一回，最後卻沒持續參加，也就自然而然淡出團隊。我想，孩子願意再嘗試一次，通常代表心中仍有些渴望，這時候需要別人推一把，但我又不想變成強制性的要求。所以，我還是把選擇權交給她，讓她好好思考是否要入團，同時提醒不要再犯過去的錯，而應該要力求表現。

隔天，雲豹交了同意書，開始固定的集訓課程。這時候，我就把焦點放在孩子是否準時去團隊。因為，走出教室的規範，很多孩子反而容易失了準。

有時候，我覺得這並不能怪他們，實在是我們太強調孩子必須遵守教室的規則，高舉導師的權力與職責，無形中養成孩子顧此失彼的習慣，也就是在孩子心底，自然形成一個金字塔！

導師的話是頂端，接著是科任老師，再下一層是團隊老師，一旦有了這樣的行事規準，孩子在教室以外的地方，也就如脫了韁的野馬。

協助孩子，學會時間管理

有鑑於此，我會暗自從小細節觀察這些孩子在團隊中的表現，就像有一回週五中午，飛魚戴著圖書小志工識別證，開心的跑到我面前說：「老師！我要去集訓了。」

「那雲豹呢？」

「我不知道，她好像去練體育團隊。」

當天下午，我即刻跟雲豹確認她的團隊行程，發現果然兩個社團的集訓時間，在星期五這天重疊了，而雲豹自然而然選擇了比較有強制性的體育團隊。

我能理解孩子所做的反應，但並不表示她這麼做是對的。所以，那天我提供她幾個解決方案：第一，退出圖書小志工。第二，留在圖書小志工團隊裡，但週五如果要練習體育團隊，一定要事先請假，看看要找人代班，或是另外找一節下課補班。

後來，飛魚陪著雲豹去向圖書館老師道歉，然後，我留意了雲豹的處理方式，確實依照我的建議，找了時間去補班。

讓我更開心的是，有了這一層的處事訓練，雲豹對於圖書小志工和體育團隊兩者，所投入的熱情相當。我不得不這麼想：也許孩子正需要有人協助她找到時間管理的平衡點，因為平衡，也就能無後顧之憂的做喜愛的事情。

點亮孩子前進的路

記得是大二或大三那一年，我的哲學老師把圖畫書帶入教室裡。然後，他在課堂上說了好多故事。當中，讓我十多年後仍記憶猶新的是《培培點燈》。

故事描述在一個尚未有電力的年代裡，一個舉家遷移美國的小男孩「培培」，找了份點燈的工作想分攤家計，但這樣的決定卻沒有得到爸爸的支持，所以，培培有一天沒去點燈。

夜晚籠罩大地，人們都問：「點燈的培培去了哪裡？」同時，妹妹也因為缺乏路燈的指引，找不到回家的路。這時，培培趕快去點燈，照亮了妹妹及所有人回家的路。這份微小但重要的點燈工作，終究得到了爸爸的肯定，也讓培培產生了成就感。

故事裡的培培，站起身子，努力點亮每盞燈的影像，一直深深的留在我心裡。而我，有時錯覺自己就是培培，只是，我點亮的是孩子前進的路。

一如培培手工點燈不易，為孩子謀求可發揮的社團也不是一步登天的事情，但只要想著他們的行囊將飽藏著更多的武器，我就覺得這份點燈工作，投資報酬率實在太高了，豈可不做？

時間管理
畫下一個圓

⊙大人可以這樣做

我把自己的重要性縮小，把孩子們放大，所以，我決定先把與「時效性」有關的事情分配出去，因為這類的事情通常跟學生最有關聯，比如何時要報名參加作文盃比賽，何時要去健康中心，量身高和視力。

這些「時間」的掌握，交由孩子來做是最適合的。

在我近十年的教學歲月裡，擔任科任老師的時間遠多過於級任老師。不能否認，身為科任老師，可以浸潤在單一學習領域裡，加上學校給予充足的資源和頗富彈性的舞台，所以，我很享受擔任科任老師的生活。

唯一，讓我經常悵然若失的是，與孩子間的黏著度甚低。畢竟一週不過見面兩堂課，換算成八十分鐘，也只是一週裡的百分之五。所以，兩番有幸請纓為導師，我是真心誠意的接受這樣的職位轉換。

只是，我也面臨一項很大的挑戰，那就是導師每天所要處理的事多如牛毛、像花針般的雜事。比如學期初開始收雜費、發午餐繳費單、調查打掃用具、檢查教室資訊設備……這些事情如果可以蜿蜒成河，那麼合該一望無際吧！

更遑論學校各處室經常要導師協助繳交相關文件，每樣都有不同的時效性，所以，到了最後，每位老師都會練就一身功力。多數人是拿著筆記本一一記下，每完成一件就勾選，藉此提醒自己經常不靈光的記憶。

坦白說，我試過這樣的方法，但很快就放棄了，因我實在沒有耐性，逐一筆記與核對。我大腦裡任性的因子，常常選擇把時間花在思考哪些教材可以拿來上課，哪些概念適合融入現在的課程裡，而不願多撥出些空間來記憶。

特別的「畫圓策略」

身為教師，知道個性難改，但更明白不該因此而影響班級和校務，所以，我趁勢發展一套畫圓策略。

在數學上，線是由點所構成，而一條線所包圍的平面圖形就是圓。我覺得每個點就是班上的孩子，他們一起組成這條線，一起圍成屬於我們的圓。少了其中一點，圓就不是圓了。所以，我把自己的重要性縮小，把孩子們放大，讓他們成為支撐起這個圓的重心。

一開始，好像沒經過太多思考，當我從晨會辦公室走回來，看著自己滿手待發的文件，以及羅列數十點的宣布事項，我就這麼自然地抬頭呼喊班長，說：「明天早上是兒童朝會，七點四十五分就要準備帶隊，七點五十分把全班帶下去。我會先去檢查班上的外掃廁所，然後才去活動中心跟你們會合，在那之前請把班上帶好。」班長點了頭。然後，當天放學後，為了避免班長忘記此事，我在黑板上寫下隔天的重要時間表。

提高孩子對班上事務的參與

果然，兩層防護之後，一切順順利利。在那簡單成功的事例後，我便發現：只要願意相信孩子，賦予他們參與學校事務的責任，那麼，不必每件事情都要老師扛。

所以，我決定先把與「時效性」有關的事情分配出去，因為這類的事情通常跟學生最有關聯，比如何時要報名參加作文盃比賽，何時要去健康中心，量身高和視力。這些「時間」的掌握，交由孩子來做是最適合的。

從此，我化身為物流中心處理員，先把學校交辦的事項做初步篩檢。然後，再請班長和各科科長前來領命，那對話大概都是這樣：「這裡有一份校刊徵稿的說明，你是學藝，先拿回去閱讀。然後，把上頭的徵稿期限用螢光筆畫下來，今天抄寫聯絡簿時提醒我這件事情。」

或是「自然老師這週四的課要調到週五下午第一節，身為科長的你，今天請跟自然老師再一次確認，然後，週四提醒全班隔天要帶自然課本。」

我想，因為事情一樣樣分派出去後，**每個孩子所要記憶的量其實並不多，所以，達成率就高，成就感也相對提高**。

放手，孩子的表現更好

而且，對很多孩子來說，在執行這樣的提醒與行動任務裡，充滿著與老師間「信任」與「親密」的關係，因為她或他肩負起這件事情，而這項任務就像隊長與特派員間，屬於一對一的交付。那種獨特的親密感，就是孩子矢志達成的動力。

記得，平日總是看似鬆散又樂天的大王，上學期擔任美勞科長，下學期轉為自然科長後，工作量變得比較輕，雖然他嘴巴上嚷著：「耶！自然科都沒什麼事情，這樣最好了。」看似一副不想擔負重責的模樣，事實上，那是鏡子的另一面。

有一次，我在全班排好隊伍，準備去自然教室上課時，叮嚀大王：「等一下上課時幫老師留意哪些同學表現良好，下課後要回報。」

一個簡簡單單的指令，換來的是，十二點鐘聲響起，全班都回教室吃飯了，大王始終不見人影。

十二點十分，他才冒著汗水踏入教室，而且，他不急著盛飯，而是抱著一疊自然習作來到我跟前說：「老師！這是自然習作，請問我什麼時候要發下去，還有，這是剛剛表現好的名單。」

對照大王原本閒散的態度，這一刻，因緊湊工作而散發的眼底光芒，燦爛如星，讓為師心裡冒起更多的驕傲。

相信嗎？為了讓這個圓更強韌，我還曾公開徵求班級小祕書，我說：「怎麼辦？老師最近好容易忘記事情，所以，我需要小祕書，不用才華，無關成績，只要你記憶力好，就可以來幫忙分擔工作，有人願意嗎？」

話語方歇，好幾隻小手已經奮力在空中揮動，嘴裡還嚷著：「老師！我願意！」

是呀！我願意，你願意，我們都是抱著如此美好的意念在這個班級生活！

Part3

挖掘優點、第二專長

每當我遇到高年級孩子，用一雙茫然的眼睛回看我，說：「我不知道自己喜歡什麼。」我總是聽得心驚膽跳，這代表過去十年裡，他遺忘了生活的趣味，同時，面對只有更加挑戰的將來，他除了汲汲於學業外，壓力又該如何排解？

大人可以及早協助孩子挖掘自己的天賦，不管能否成為眩目的專長，那都是他提步前行的基石。

挖掘優點、第二專長
帶著粉紅抱去旅行

⊙大人可以這樣做

還記得那天我把小粉蝶叫來說：「你喜歡閱讀吧！」她點點頭。

「還記得上次提過發展專長的事情嗎？我已經去跟圖書館老師推薦了你，讓你擔任圖書小志工。」小粉蝶的眼角笑得微彎，透著光彩。

我知道自己幫她預留了一份喜歡的工作。

River這個孩子，每週都必須跟我見一次面，也就是接受我的閱讀輔導課程。

在這一週一次的短暫機會裡，我很快就發現他的語文能力發展有極大的矛盾現象。當他必須寫字時，往往帶著不耐煩的態度，對於錯別字更不願訂正。可是，只要一拿起課外書，他就能隨時沉浸在書海裡，甚至分析書中的觀點。

於是，有一次正當他閱讀得起勁時，我帶著平靜的口吻，看似不經意的開啟一段對話。

「River，你有沒有想過為什麼自己不喜歡寫字？」

一旁的同學聽聞，馬上起鬨說：「因為他低年級時常被老師要求要訂正。」

不管旁人如何說，我專注的看著他，表明我只想聽他說話。

River收起慣有的嬉笑，偏著頭，邊想邊回答：「我想是因為我一年級的時候比較不乖。那時候下課我只想出去玩，一點都不想訂正。」

「那後來呢？」

「到了一年級下學期，我比較懂事了，覺得自己應該要訂正好再去玩……」

「然後呢？」

「但是要訂正的太多了。」

「所以……」

「所以我就不喜歡寫字。」

「一直到現在（五年級）都是這樣嗎？」

他點點頭。

我停頓了半秒鐘，說：「你可以想一想，我們為什麼要寫字？如果不寫字，會怎麼樣呢？如果不會寫字，又會如何呢？」

River還沒告訴我答案，但是與他之間一番帶著哲理探索的對話，讓我想起了小粉蝶，不是因為小粉蝶跟他的語文發展情況相類似，而是，我跟小粉蝶間也有過這樣類似的討論。

表現特出的孩子更需要樸實的教導

忘了哪個教育前輩說過的話，「一個班級內，表現特出的學生不是你的功勞，那是他們天生就有這樣的優勢，比如社經地位較佳。」某個部分來說，我確實同意，因為，為師者不應該經常只把目光放在班上那百分之五的「學習綜合優秀者」，這段話要突顯的是，老師要看到不同孩子的需求，從中設計適合的學習活動。

不過，針對現在改變劇烈的教學現場，我想從這段話延伸的概念是「表現特出的孩子更需要樸實的教導」。

品學兼優的孩子，逃避掃廁所？

小粉蝶，長得嬌嫩可愛，做什麼事情，都會讓人眼睛為之一亮。總的來說，無論是生活態度或學習表現，可以四字箴言「品學兼優」來讚美。

正因為她表現優異，一切穩穩當當。我才特別提醒自己，不要失去了公正的心，要更深入地看到小粉蝶的特質，並讓她發展得更好。所以，衝突自然發生了。

就像前面所說的，小粉蝶聰明伶俐，做什麼事情都有模有樣，但也因為她才國小五年級，對於事情的喜好掩不住。很快的，我就發現她不喜歡做廁所打掃工作，尤其是倒垃圾或清理馬桶，這種充滿異味的工作，更教她難以接受。

可我也很清楚**高年級孩子的品行或習慣的轉化，絕對不是靠著說理或強迫就可收效果**。而且，在這種狀況下，我不走殺雞儆猴那套路數。小粉蝶不會因而突然開竅，只會偏執的認為老師刁難她。

因此，對於她打掃沒盡全力，我給予了更大的彈性空間，讓她藉由跟同學共同打掃，相互磨合和學習。

當然，這一磨合就達好幾個月。在過程中，我必須處理其他組員的反應。比如組長回報：「小粉蝶只做完自己的工作，都不幫忙倒垃圾。」

一次又一次，我**讓小粉蝶知道同組的反應，讓她從別人的評價裡試著自我調整**。小粉蝶在這件事情上並沒有突然大躍進，但是我發現她慢慢的會勉強自己做完工作後，多留些時間在廁所幫忙，還有，聽到班上的廁所清潔獲獎時，也會跟著歡呼。

這些小小的進程痕跡，都是她內在轉變的線索。

我想，**教育有時候很難在躁進中收效。比起強迫前進，只收到表面的效果，我寧可這樣慢慢來。**

慘遭滑鐵盧的數學事件

在這過程中，小粉蝶每天都開開心心上學，她的領導魅力在同性間格外吃得開，加上學業方面真有些天分，也付出了相當的努力，所以，從五年級開學到期中，扣除打掃這件事情外，她完全沒有轉換新老師和新年級適應的困擾，甚至每節下課都到處玩耍，也不見得學業成績滑落。

但是，美麗的意外發生了。在一次評量中，她最擅長的數學慘遭滑鐵盧。雖然她強裝鎮定，但我確信她承受了相當的打擊。

我所執念的「樸實的教導」就在此處。不藉機誇大她所犯的計算失誤，以打擊自尊心，也不藉此機會，說她打掃不佳。

上列方法，我很常在教育現場聽聞。確實，抓準時間，給個當頭棒喝，也是一種教學技巧，可是，我覺得比例不該失當，更不該聲東擊西，讓孩子失去評斷自己的準則。

因為，**孩子會因為老師的反應，而建構她看待事情的方式**。也就是說，如果我的反應很激烈，就突顯了「粗心」有多麼的不應該。

事實上，學習有失誤在所難免。而且，我想要小粉蝶思考的是，自己是不是過於驕傲，忽略了數學的基本概念，只想透過課輔班提供的大量練習題來堆疊解題技巧。

喚起孩子內心的反省

所以，我只做一件很簡單的事情——就事論事。

當天試題卷發下後，我隨即在聯絡簿上寫下：「你對於自己這次的數學評量表現有什麼想法呢？」隔天，聯絡簿上簽寫回覆意見的是家長。上頭說著小粉蝶粗心大意，已經得到警告了。

但就像我所秉信的另一個概念，「聯絡簿的溝通對象可以是家長，更可以是孩子。」所以，我把小粉蝶找來說：「我想知道的是你的想法，而不是家長的。」

她點點頭，當天某節下課，偷偷遞了張摺疊整齊的信紙給我。內容無非是對於自己這次失誤的反省。

然後，我再度把她喚來，清楚說明我的想法，也就是她**應該認清學習的本質**。萬事萬物都是釐清概念後，才不會被其他事物干擾。數理能力的判準，不會因為一次計算失誤，就抹滅了她原有的實力，但如果態度失了準，就可能影響了後續的發展。

在數學事件之後，跟小粉蝶間因為打掃態度、同儕相處或領導方式等許許多多小事件，我經常三不五時叫她來談一談。

在這樣的歷程裡，師生雙方絕對是意見相左。

像是小粉蝶認為下課號召好友去玩耍沒什麼錯，我卻要她看清楚，當中有些好友的功課未補齊，她應該要學習不同層次的友誼模式，可以共享樂，也應該同甘苦，像是教同學功課等等。

也因為這樣，我與小粉蝶並不常處於和諧的狀態，但是，「樸實的教導」依舊引領我掙脫這些當下的情緒。

幫孩子找到功課以外的生命亮點

下學期時，我發現小粉蝶看似各科均衡發展，但其實並沒有單一突出的專長。關於這點，我的想法是如果擴大思考，**面對這樣強調競爭力與第二專長的世代，孩子如能從小培養特殊專長，絕對有利無弊。**

但我更私心的以為，**在他們即將進入國中前，我著實希望每個孩子都能慢慢發展一項專長，這樣專長可以讓他在功課壓力之餘，找到另一個出口。**

至於為何是專長？不是興趣？興趣可以廣泛無邊，但是，高年級孩子需要的是更多的自信心。如果興趣不專精，那麼要構成強健的心智是比較困難的。

尤其對小粉蝶這樣亮眼的孩子來說，興趣培養是自動的，但我願她能挖掘自己更多的可能，找出一條更特別的道路來。

所以，我左思右想，到底在我預備離開這個職位前，我還能為小粉蝶留下什麼？最後，我私下拜託學校的圖書小志工指導老師，請她給小粉蝶一個學習機會，讓她擁有圖書資訊管理的基礎能力。

還記得那天我把小粉蝶叫來說：「你喜歡閱讀吧！」

她點點頭。

「還記得上次提過發展專長的事情嗎？我已經去跟圖書館老師推薦了你，讓你擔任圖書小志工。」

我很確信，小粉蝶原以為要被我喚來訓話，沒想到得到這樣的喜訊。她的眼角笑得微彎，透著光彩。我知道自己幫她預留了一份喜歡的工作。

慢慢帶領孩子蛻變

半個多月後，我宣布調職，孩子一一奉上送別禮給我，打開小粉蝶的那份時，我的心顫動了一下，因為裡頭裝了一個她親手縫製的方形粉紅小枕頭，上面繡著「For teacher, thank you」。

另一張信紙裡寫滿了她的不捨與祝福。我才懂得原來我對她最樸實的態度，都一一映射在她的心田裡。

這個曾經讓我不知該如何導正品行的孩子，不是不懂我的用意哪！

就跟Dream的故事一樣，小粉蝶在我離開後，跟我維持了很好的師生關係。那日聚會時，看她精明的計算餐點數量和費用，人際相處上也更為成熟，我萬般慶幸沒錯失帶著她蛻變的小小機會。

至於她送我的小枕頭呢？被我暱稱為「粉紅抱」，陪著我出國旅行好幾回呢！

挖掘優點、第二專長

閃蜥蜴的漫畫課

⊙大人可以這樣做

我一直想為閃蜥蜴找到更寬廣的發展方向，比如讓他參加團隊，彌補家庭得不到的滿足感，但可惜都無法付諸實行。

山不轉路轉，我找來具有美術專長的好朋友巧虎，請他利用期末的幾天空檔，來班上為小孩子上漫畫課。

閃蜥蜴害羞地問我：「老師！這次月考我是第幾名？」

我看了看電腦，告訴他是十三名。

他的嘴角微微咧開，對著銀火石一笑，兩個人互搥了一下肩膀，準備要離開教室放學去。那短短幾秒鐘因為歡愉，所以透露出非常美好的氣味。

我向來不把學生排名輸入腦海，所以，自然問了閃蜥蜴：「那過去中年級，你都拿到第幾名？」

「我以前都是二十幾名啊！」

「所以，你上五年級後進步這麼多？」

閃蜥蜴繼續微笑，我故意逗弄他：「那這樣你應該要感謝我喔！」

想不到他以清亮的眼神看著我說：「老師！謝謝您！」

「哎唷！我是鬧着你玩的。」

然後，閃蜥蜴跟銀火石這對哥倆好如一對喝飽牛奶的貓，開心地離開了教室。我坐在教室內，想著的是閃蜥蜴這個特別的孩子。

抽絲剝繭，一步步瞭解

一開始，他引起我的注意，原因簡單，就是動作非常慢，作業缺交的多。這兩項特質是所有老師的雷達偵測優先點。

對此，我先詢問了他的中年級老師，瞭解這是他向來的作為。接著，我在他的日記和國語習作，發現他的造句經常出現殺人等字眼，這可讓我警戒線提高許多。表面上我只是輕描淡寫在習作寫了一句短評：「老師很擔心多年後，我可能會在報紙上看到你的報導。」如此譬喻性的寫法，孩子是懂的。

接著，我展開一段尋根之旅。用的方式很簡單，就是抽絲剝繭，透過資料搜集和訪談，重新建構閃蜥蜴的成長故事。

看似很有系統的搜集，其實很多時候都是借力使力，或刻意製造機會。比如，閃蜥蜴老是找不到我發下的考卷。我知道銀火石是他的好朋友，便故意留下他們兩個，請銀火石幫他整理抽屜，並找出考卷。

此時教室已無他人，正是孩子情緒放鬆，容易說出真心話的時候。我便隨口跟兩位閒聊，從銀火石口中瞭解閃蜥蜴在朋友間的形象。

孩子令人驚豔的細節搜集、整合能力

隔沒幾天，再度發生考卷遺失事件。我故意大動肝火，逼得閃蜥蜴把負責照顧他的阿公請來，其實是想跟孩子最親近的家人當面溝通。

那天的親師生對話實在有趣，也讓我對於閃蜥蜴有了不一樣的想法。

秋天的早上，閃阿公帶著考卷和午餐費來到教室，一見我便問：「老師！你怎麼這麼年輕，幾歲啊？一定嘸三十歲。」

我還來不及回應，正在努力找考卷的閃蜥蜴很靈敏的插話：「沒有！我們老師已經三十了，因為她昨天說，她大我們二十幾歲。」

他的反應讓我看到隱藏的溫吞表層下的聰慧，以及對於細節訊息的有效搜集和整合能力。

孩子，你有能力把自己照顧好

閃阿公是個豪邁又親切的鄉下農夫。他說著這個家庭的不圓滿：閃蜥蜴的外籍母親很早就離開，父親也有了新的家庭，這一家人全部住在同一屋簷下。

閃蜥蜴每天下課去安親班後，就是回舊家用餐。在這裡，他可以看到父親，但實際上他與父親的距離很遙遠。接著，阿公再把他載回新家休息。假日時，閃蜥蜴常常待在新家，因為無聊，只好上網，也是因為這樣，他習慣了線上遊戲打打殺殺的用語。

阿公還提到閃蜥蜴的新媽媽，同樣來自另一個國家，對他並沒有太多照顧，造成閃蜥蜴心裡不平衡，會跟著大哥一起對新媽媽吼叫：「那你回你的國家去。」

從事移民公益服務工作的我，聽到這話分外難過，因我能充分理解一個跨國家庭關係的建立有多麼困難，學校單位理解的程度，以及所作為又是如何緩不濟急。

那天，我也看到閃蜥蜴跟阿公互動自然，情感真摯。我慶幸這個孩子還有長輩照顧，不至於走偏了路。

隔幾天，我約他在朱槿花園下，師生坐在花壇石階上。我說：「閃蜥蜴，老師知道你假日無聊上網，但是你應該分得清楚現實跟遊戲的差別吧？」

他點點頭，然後我再說：「很多時候，我們沒有辦法選擇父母。新媽媽對你不好，我知道你很難過，但要想想阿公對你的好。還有，大人也是不完美的，她也正在學習如何在這個新國家，跟你們一家人相處。你可以做的事情是把自己照顧好。」

花影光影交錯下的對話，我記得的不多，但在那之後，我覺得閃蜥蜴好像褪去了一層皮，開始變得不一樣了。

一堂專為閃蜥蜴設計的課

後來，又後來，我一直想為閃蜥蜴找到更寬廣的發展方向，比如讓他參加團隊，彌補家庭得不到的滿足感。但受限於閃阿嬤的堅持，這些想法都無法付諸實行。

山不轉路轉，終究我還是找到替代方案，就是找來具有美術專長的好朋友巧虎，請他利用期末的幾天空檔，來班上為小孩子上漫畫課。

這是一堂為閃蜥蜴設計的課程，我希望他能從巧虎身上學到不同的人生經驗，找到並發揮自己的專長。因為畫圖不僅局限在美勞課，也非限定在水彩或國畫，重要的是在畫中抒發己意，而巧虎溫潤的兄長形象，恰能提供閃蜥蜴另一種學習楷模。

這件事情我從沒跟他說過，只是看著他在漫畫課之後，下課時間總是專注的畫圖。如今，看他開朗、滿足離開教室，我也心滿意足。

挖掘優點、第二專長

我叫他，神木

⊙大人可以這樣做

沿途，我說：「你的座位邊有大花紫薇的樹枝喲！送給你。」這禮物送到他的心坎。

就在那之後，神木的學習態度有了微妙的轉變，開始變得更容易溝通，過往覺得煩躁的訂正工作，他願意拿出耐心來處理；遇到自己本來不愛的科目，也不會全盤排斥。

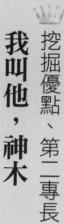

在唯二的兩次級任老師經驗裡，神木是唯一的轉學生。一如**我並不會在見到學生本人之前，率先閱讀其他老師所填寫的記錄文件。我喜歡自己接觸與判斷**，就算是轉學生，我還是抱持相同的態度。

開學日前一天下午，我待在教室裡，把學生姓名牌放在桌上，先做初步的座位安排。拿到神木的姓名牌時，心裡冒出點點興奮。因為，在全班三十位學生中，二十九位四年級時都曾上過我的閱讀課，唯一的例外就是神木了，正因這樣的特殊性，讓我的期待值就要破表。

當天，神木和妹妹一起轉學，由爸爸與媽媽帶來教室，他們一家四口親密的畫面，定格在早上的陽光裡。

一年之後，我才明白正是因為**家庭的穩固支持系統，讓神木成為獨一無二的小孩**。

神木剛到班級時，花了好長一段時間適應新學校、新班級和新老師，對我而言何嘗不是？我同時也在適應重回級任老師身分，重新熟悉所有教科書內容，以及這批可愛充滿未知性的孩子。因為，我們都是「新人」，所以，很多時候，我覺得我倆就像共乘獨木舟那樣，有一種難以言喻的夥伴關係。

讓孩子學習接納不同性格的人

儘管如此，神木初來乍到，確實也不經意的挑戰了班上同學的神經，比如他有時候興奮起來，可能口無遮攔地大叫或評斷，已經在舒適圈待習慣的孩子就會微微蹙眉，或是，他的書包很容易隨意傾倒在桌腳邊，或是，他疲累時就會直接趴在桌上、打打呵欠、舒展筋骨。

這些在我看來，其實都是可接受的。只是，我需要的是讓其他孩子擁有更為開放的胸襟，學習接納不同性格的人。

所以，我開始挖掘神木的優點。有時候，我覺得老天雖然讓每個人都有一雙眼睛，但是我們的大腦常決定眼界風景。如果決定戴有色眼鏡，那麼，孩子縱有再多美好特質，也會被視如敝屣。若願意放下心中成見，則孩子也會用最真誠的態度相迎。

讓全班學生，學會尊重「來電」

原本，我把教室分機接線生工作交給幾個女生。直率的神木見習過幾次後，要求說：「老師！我要負責接電話。」

我讓他接手一次後，發現他對於感興趣的事物，毅力相當足夠，而且擁有與人群接觸的勇氣和耐性，所以，接線生的工作就落到他頭上，剛好也可以讓他不定期活動筋骨，可說一舉數得。

讓人很開心的是，就在我落實班級禮貌教育後，他馬上把這個原則融入接線作業裡，每當教室分機鈴聲響起，他立馬向前衝，再大喊：「大家安靜，有電話。」接著，話語柔軟地聆聽且回應話筒裡的訊息。我想，是他把全班訓練成要尊重所有來電這件事情。

孩子的無私與樂於分享

如同滿天星辰般璀璨，「負責」是神木綻放的第一顆星子，然後，第二顆星子也亮了，那是「尊重長輩」。

因為我個人覺得學生幫忙老師盛飯，帶點服侍的形象，所以，我向來喜歡自個兒來。另外，我把午餐工作交給幹部去督導後，有時，當全班正在吃飯時，我就會利用這空檔時間處理其他級務，而未馬上去盛飯。

一天，神木端著他的湯碗，放在我的桌邊說：「老師！給你四顆蛤仔。」

「為什麼你有這麼多顆蛤仔？」

「我也不知道，剛剛盛湯的同學一次給了我這麼多。我數一數，我有七顆。老師，給你四顆。」

他真誠分享的話語，讓我的心被染溼了。於是，我默默挑了四顆蛤仔放到碗內。過沒十幾分鐘，他又咚咚咚跑到我面前問：「老師！蛤仔放到下午還可以吃嗎？」

「為什麼要放到下午呢？」

「我想留給爸爸吃。」

「怎麼會想把蛤仔再帶回去呢？」

「嗯，因為爸爸工作很辛苦，這個很好吃。我想跟爸爸分享。」

我常覺得是孩子教會我重新認識這個世界，就像神木對於長輩的尊重，能夠在生活中身體力行實在不容易。當代個人主義甚囂塵上，他的無私與樂於分享，更值得其他孩子學習。

當老師肯定學生的優點，其他同學也會跟進

就這樣，我像個山林的守護者，不住的挖掘了神木的良善特質。

我在這樣的過程裡，同時體認到，孩子就像趨光性的植物般，當我看到神木的優點，其他孩子就會跟著肯定他的美好。

加上他生性單純，同班同學瞭解個性後，就喜歡和他玩在一塊兒。原本神木座位不夠整潔，或是與人對話有時不夠有禮，林林總總都讓其他孩子學會接納與尊重。

喜歡自然植物的神木，有回因為作業未完成，被我課後留下來補寫，然後，我載著他去跟爸爸會合。

沿途，我說：「你的座位邊有大花紫薇的樹枝喲！送給你。」這禮物送到他的心

坎。那天，他拿著大花紫薇，站在馬路邊，用笑容送我離開，如此美麗。

就在那之後，神木的學習態度有了微妙的轉變，開始變得更容易溝通，過往覺得煩躁的訂正工作，他願意拿出耐心來處理；遇到自己本來不愛的科目，也不會全盤排斥。

接著，他每天一早來，把書包放下，就會站到我面前，靜靜看著我處理事情。當然，更多時候是在我耳邊吱吱喳喳說著家裡的事情，因為這樣自然交談，我們開始聊書。

一回，他拿來了《哪啊哪啊～神去村》一書，問我：「老師！你看過這本書嗎？」

「沒有，但我聽過這本書，你可以借我嗎？」

「好！」神木馬上遞出這本書。

《哪啊哪啊～神去村》的男主角平野勇氣，在畢業之後原本想要靠打工過日，不料卻被媽媽不容分說的送往「神去村」，跟著一群樂天知命卻又把守護山林當作志業的大叔們共事。

原本，一心想逃離的平野，終究在神去村的日子裡，慢慢學會在時節輪轉裡照護山林，需用永續發展的目光，然後，他融入了神去村的生活，說出「哪啊哪啊」這話，無疑代表已經認同了這片山野與人們。

讀著平野的故事，我不住地想起神木，這個小男孩或許永遠無法全然符合台灣社會對於乖巧學生的定義，像是謙卑為懷、字體娟秀、座位整潔等等（註），但他所散發與實踐的特質，正是當今社會已經遺失的美好，所以，我叫他，神木。

註：我列舉三個例子，指的是社會對於好學生的定義，並不代表我個人的信念。

挖掘優點、第二專長

就算只有0.00001

⊙大人可以這樣做

對於數學不好的相思豆，我開始挖寶，挖掘相思豆的優點。

我傾全力在能力範圍內，讓她擁有更多的舞台。

她順利取得學校故事志工資格，也負責班上潔牙記錄。有機會時，我會請她幫忙到各處室跑腿，為的就是持續點燃她的學習火苗。

某部戲劇背景是一位就要被解聘的藝校教師，被理事長搶救回來，但並非無條件續聘，而是要求他必須完成一項任務：找到三位學生入學。

這三位學生均擁有相當特出的表演藝術才能，但也都各自面臨了人生的難關，所以，要把三位學生找來入學並不容易。

當中，一個男生武藝精湛，但是，很早就被家庭放棄，也就對自己的未來感到茫然。所以，當他知道自己就算入學，能夠成功的機會不過0.00001時，便覺得不可能而想要離開。

他準備搭電梯往十一樓去，電梯門就要闔上那一刻，老師大手一擋，他與學生立下誓約。自己爬樓梯上十一樓，如果速度贏過電梯的話，那麼，請學生重新考慮入學的可能。

故事的最後，並不是人定勝天，老師沒能擁有飛天腳，但當他氣喘吁吁爬到目的樓層時，學生走出電梯時說：「你不會以為自己贏過電梯吧！我只是在電梯內等你。」

這時雙腿無力，躺在地上的老師率性一笑：「至少，我沒遲到吧！」

表現不佳的學生，更需被關注

那段師生對話一直讓我印象深刻。我常覺得教室裡那些表現很優異的學生，不是因為我教得很好，是他本來就有這樣的能力和資源。我能做的是引導他不要走偏途，或是讓他發揮得更好。

至於教室裡另一群孩子呢？他們不見得在學業或才藝上有優異的表現，難道因此被放棄？這是**單一評量觀點下最教人擔憂的現象**。所以，我經常提醒自己多關注每個孩子，找尋那0.00001的成功機會。

奮力到最後一刻

羊蹄甲和相思豆，就是我生命裡的0.00001代表作。

羊蹄甲，是個很聰明的孩子，也擁有體育方面的專長，但平日主要由叔伯照顧，也許是這樣的關係，無形中養成她習慣隱藏自己喜好與情緒的習慣，凡事都大手一揮說：「沒關係！無所謂！」所以，校外教學家長同意書交回來時，果不其然羊蹄甲的家長勾選「不參加」。

這是我第一次面對羊蹄甲這道牆，此時，我對她和家長都不甚瞭解。

我問：「為什麼不參加呢？」

「大伯說他自己帶我去就好。」

「那你呢？你覺得呢？」

「沒關係！老師你不用擔心我。」

第一次攻牆，我自動滑下，只因尊重家長和孩子的選擇。

之後，讓我開始不甘於現狀是因為，好幾度我發下體育團隊徵選調查單，羊蹄甲的家長一一打回票，當然，他們所持的理由充分，比如羊蹄甲氣喘，不能過度激烈運動。

我對此感到莫可奈何，但又實在不願放棄。只好利用其他方式不斷鼓勵羊蹄甲，但成效實在有限。

直到我決定前去進修時，想讓全班留下美好的回憶，因此在速食店舉辦的一場歡樂會。這回，照例發下同意回函，照例羊蹄甲不參加。

我把羊蹄甲找來問：「你想不想參加歡樂會？」

「不知道，都可以。」

「老師想瞭解你的想法，你想不想參加？要參加的話，老師打電話給大伯。」

羊蹄甲沒回話，我知道她是想去的，趕緊打鐵趁熱撥了通電話過去。

大伯是個尊師重道的老實人，很客氣地說因為歡樂會訂在假日，他要下田，實在沒辦法載羊蹄甲來。

我接著說：「那我去載她好了。」

對我來說，花個二三十分鐘去載孩子並不困難，只要家長願意。

大伯一聽頗感難為情，馬上表示他會自己載來。

我以為自己終於戰勝了0.00001。事實上，那天頗為戲劇性，我到了速食店，眼看多數孩子都到齊了，羊蹄甲卻還未現身。

撥電話給大伯時，他說：「老師！剛剛我叫她的伯母載她去，可是都沒看到你們啊！所以又載回來了。」

原來，羊蹄甲記錯時間，搞了個烏龍。

我不死心追問：「那我去載她好嗎？」

「老師！不用麻煩啦！這樣你來回就要快一個小時耶！這次就算了！」

我瞥眼看了看身邊的孩子，知道必須放棄這0.00001的機會，即使，我有多渴望讓羊蹄甲再多參加這類的團體活動，我也必須承認自己辦不到。

讓全班了解成績不是人生的全部

與羊蹄甲不同的是相思豆，這個女孩有個很難突破的罩門，那就是數學。

對相思豆來說，五年級的數學並不是把豆莢裡的果實倒出來，數一數有幾顆這樣的簡單計算，抽象式的代換練習與思考解題，把她打得落花流水。

初時，我利用週三放學後的二十分鐘讓她留下來，希望多提供一些個別輔導，但是成效有限。

而後，每次的訂正作業，相思豆也很難如期完成，負責檢查訂正的數學科長經常說：「老師！相思豆沒訂正完畢。」這就看一個老師心下為難，但又不得不把孩子找來，至少教會她負責的態度。

在這過程中，我好擔心她放棄數學，放棄學習，放棄改變的可能。畢竟，胡適都能因為國文程度取得入學資格，相思豆沒道理因為數學，就要全盤放棄小學人生。

就為了那0.00001的希望吧！我試圖先讓全班理解學業成績不是人生的全部，避免他們對相思豆標籤化。然後，我開始挖寶，挖掘相思豆的優點。

給孩子更多課業以外的成功經驗

這一探求，發現相思豆是個樂天的小女孩，且擁有絕佳的特質：願意嘗試新事物，尤其面臨高年級的各項挑戰，卻能保有這樣的活力實屬不易。

此外，她也能欣然接受努力後的成果，比如徵選糾察隊失敗時，她笑笑地面對，轉頭繼續新的工作，並不會陷入情緒內走不出來。所以，我傾全力在能力範圍內，讓她擁有更多的舞台。

舉例來說，她非常熱中從事服務工作，舉凡任何班上或學校活動，每當我在班上公布，並徵求自願者時，她總是開心的舉手爭取。所以，她順利取得學校故事志工資格，也負責班上潔牙記錄。

有機會時，我會請她幫忙到各處室跑腿，為的就是持續點燃她的學習火苗。

現在，雖然我跟相思豆已經分隔兩地，但她還是會經常利用網路工具，隨時隨地報告最新的小六生活。我想，這也算是某種成功吧！

教育，不可避免的帶點傳教士的執著，我總是為了那0.00001而努力。相信只要多關懷孩子一分，0.00001的失敗就會轉化為成功，0.00001的成功也許就能變成0.00002或0.00003……。

挖掘優點、第二專長
孩子，請趕快回家

⊙大人可以這樣做

我發現Ray在國語方面，不但有興趣且有天分。為了建立他的自信心，結合了班級週日寫作活動。

Ray寫來不落俗套，情意真摯。我選了好幾篇佳作，放在布告欄內。當然，包含Ray的那一篇。

我很清楚這是自信心的開端，我想要讓這樣的心念傳遞到其他科目，甚至是品格的重新鑄造。

Ray：

你離開家至今已經十一個小時，跟媽媽說要去買中餐，卻是一去不回。到底你人在哪裡？

老師從七點多接到電話後，沒有一刻停下來，能打的電話全打了。手機停了又響，響了又停，就是沒有一通好消息。老師有多擔心你，你知道嗎？

離開這個班級，我最放不下心的就是你。擁有聰敏的頭腦，卻因特殊的家庭關係，而形成乖戾性格以及自卑衍生的狂妄。剛接觸你時，總被你動不動就擺出的臭臉色所苦惱，甚至常跟你撂下狠話。因為我知道，對你一定要軟硬兼施。和你媽媽合作無間下，我看到你的進步，看到你下課不再往外奔，而是拿起書來閱讀。我心有多狂喜，你知道嗎？

情緒容易被煽動的你，就像航行在大海中的小船，只要沒掌好舵，可能失去了方向，可能淹沒在大海裡。為師的總是想盡辦法緊拉那條繩子，拚命與大浪搏鬥，就算雙手血流如注也不罷手。

看著你跌倒，看著你爬起來，看著你慢慢找到方向，卻沒看到你內心的焦慮，以及對媽媽管教的反抗。**多希望你一步步慢慢向上爬，掙脫家庭不健全的束縛，在同儕以及師長中得到認同，所以我是多努力，讓你獲得成就感**。你不也感謝老師，讓你有機會上台跳舞。你忘記老師對你的期望嗎？

最近，你開始和校內一夥品行不良者和在一起。我再三叮嚀，也用講道理的方式，讓你明白老師的堅持。你不是跟我說已經拒絕了對方，為什麼又再三讓我抓到你們會面？是不是覺得只是練街舞，並沒有做壞事，老師為何反應如此激烈？從來沒有禁止你和任何人交往，唯獨這件事情例外。聰明的你，想過這層道理嗎？

擔心你在外受凍！

擔心你在外挨餓！

就是擔心你！

我、媽媽和學校已經用盡所有方式，卻依舊找不到你，現在只有尋求警察的協助。

親愛的孩子！請你趕快回家！

——貓老師

一堂震撼課

我與Ray的第一場師生緣，是在我擔任英語老師的時候。那時，身為校內兩位英文老師之一。我負責全部中年級的課程，每週每班一節課，共有二十四個不同的班級來到我的英文教室。

在眾多的學生中，我很難一一掌握每個孩子的特性，尤其每回只有短短四十分鐘的上課時間，全部拿來上英文，還是覺得時間不夠。

所以，我總是笑著歡迎每班學生到來，然後趕緊變換出各種有趣的英文活動，而我也一直對於自己的教學表現暗暗自豪著。雖然，我早已留意到Ray在英文課擺明不想學習，但是面對眾多的學生，我自忖難以周全，也就沒特別處理。直到那天，我照例站在教室前門，等候Ray的班級，想不到班長直接告訴我：「老師！Ray說他不想上英文課。」

我就像粉妝瞬間碎裂那般，內心承受了重大的打擊。當時的我把學生安頓在英文教室內，然後，趕緊衝到Ray的原班教室，看到他一臉不馴的坐在位置上。

導師看我入內，跟我溝通著：「他說他不想上課，我想這節就讓他留在教室裡吧！」

那是我生平第一次被學生拒絕，也是我第一次反問自己：我的教學真的照顧了每個學生嗎？英文教學到底要如何符合所有孩子的需求？面對孩子拒學，我有沒有更好的法子？一個才擁有第二年年資的老師，又能夠如何在短時間內馬上找出應對之道？

但是，我把Ray放在心上，時時提醒自己不要忘記這樣的經驗，要成為一個更好的老師。

運用「分組競賽」，讓同學帶領學習

緣分來得如此巧妙，時隔一年，我竟然成為Ray的五年級導師。看到名單上出現他的名字時，我內心不免震盪了一下，無法想像去年拒絕入我英文教室的孩子，如今我們再度成為師生，而且是日日都要見面的緊密關係。我帶著期待又怕受傷害的心情，想必Ray也是。

暑假中的返校日，是我與新班級的第一次見面。據Ray的媽媽事後向我反映，Ray在返校日一回家，馬上說：「我的新老師竟然是英文老師，她好兇哪！」

當時我聽到這樣的回應實在哭笑不得，可見孩子把英文學習的負面經驗帶到了新的年段，就因為老師是同一個人。

這樣的狀況考驗了我的教學智慧，我在開學後**不著痕跡的運用關懷，重新建立與Ray的關係**。希望創造新的相處經驗，讓他慢慢忘卻過去的印象。

不過，改變總是慢的，改變總是要跟舊習磨合的。在我努力經營這個新班級時，Ray可是生龍活虎的展開他的五年級新生活。

打開始，他便抱著教室外比教室內有趣的想法，所以，一下課就往外頭衝，因為教室距離操場極遠，往往上課鐘響三分鐘，他還沒辦法進入教室。

我經常要三令五申，提醒他守時的習慣。至於課堂上，他倒不會刻意與老師作對，比較像是不知道如何融入學習活動。我便用「分組競賽」的方式，讓幾個熱心助人的小孩帶領著他一同學習。慢慢的，他也比較能在課堂上安靜下來。

走進孩子心裡

我開始進入Ray的心房是在一次的午後大雨。班上孩子大多被家長或安親班接走了，學校要求沒帶傘的學生，務必留在教室等候。Ray沒上安親班，屬於直接回家類型，因為他沒帶傘，我怎麼也不放心他離開。最後，是媽媽撐著傘來找他。

陪他在穿堂等候的景象仍是深刻，雨滴沿著廊柱滑落。在灰色雨幕裡，我們師生聊聊家庭狀況。這孩子也許覺得平日少有大人這樣陪伴，卸下了常有的桀驁。

說起媽媽上大夜班，所以，他必須自己一個人獨睡，早上也要自己處理早餐。

我這才理解為什麼他的作業總是撿些來做，以及上課為何經常遲到。

即便心疼孩子面對一個無法選擇的環境，但我的根本教育理念是，既然已經是高年級了，心智逐漸成熟，我認為可以**慢慢試著理解這個社會，並從中想想自己該怎麼做，而不是一味的逃避或歸因於別人**。

很有趣的是，那次跟Ray的媽媽見面後，親師倆也建立了一種難以言喻的默契，我們彼此什麼都沒說，但是我知道Ray的媽媽信任我。從此之後，聯絡簿的簽寫多了些媽媽的話，我就知道那場大雨來得真是時候。

即便如此，也不代表Ray瞬間就變成一隻乖乖虎，他雖對我友善且信任許多，但是依舊衝動與好動，永遠有發洩不完的體力。

這樣建立孩子的自信

一個星期三中午，他照例以光速扒完午餐，丟下一句：「老師！我出去了！」人影早已飄遠。

不到十分鐘，馬上傳來讓我氣得冒煙的消息。他竟然玩樂過了頭，把音樂教室的門撞破了。

看著他被學務處老師領回來，垂頭喪氣的樣子，我知道這條路還很漫長呢！

後來，我發現他在國語方面，不但有興趣且有天分，只是過去沒有養成規律的讀書習慣，所以，只能在他擅長的領域找到信心。

為此，我特別建立他的自信心，結合了班級週日寫作活動。先由我率先寫一篇週記，示範如何不落入流水帳，再讓全班跟著寫自己的心情。

Ray如我預料的相當用心，寫來不落俗套，情意真摯。我選了好幾篇佳作，放在布告欄內。當然，包含Ray的那一篇。

下課方張貼出來，班上的大聲公忙不迭宣傳道：「Ray！你的週記被貼出來了。」

我格外注意他的反應，Ray慢慢的轉過身去看布告欄，一臉不可置信。

其他人也跟著歡笑鼓舞，直到確定同學不是開玩笑之後，他很內斂的移動身子，站在自己的作品前，好一會兒後，開心的跟我說：「老師！我出去打球喲！」

我很清楚**這是自信心的開端，我想要讓這樣的心念傳遞到其他科目，甚至是品格的重新鑄造**。

讓孩子找到家庭外的立基點

Ray極早熟，街舞當時在國小還不是非常普及，而他已經利用假日跟幾個國中生在學校司令台練習。當然，對男孩來說，最酷炫的莫過於以頭在地上轉圈的動作了。

與其他在我看不見的地方練習，**我寧願他把這個變成專長或個人特色**，所以，我允許他在班上練習，更融入群體些。

後來，恰巧來了一個機會，五年級自治小市長宣傳表演活動，需要動態表演，我用點技巧讓Ray成為表演者，登上學生活動中心的大舞台。

我明瞭這是他國小生涯裡最絢爛的時刻。

就在我以為一切都漸上軌道時。一個週末的晚上，我突然接到Ray媽媽的來電，她焦急地問我知不知道Ray可能去了哪裡。她說Ray中午說要去買午餐，就此沒再回家。

我聽了也跟著心跳加速，趕緊打了好幾通電話，問其他學生，每個人都說不知道。之後，上報學校學務處，然後，通知警察局。

那幾個小時的煎熬等待，讓我坐立難安。滿心的擔憂只能化作文字，寫下一篇〈孩子！請你趕快回家！〉於部落格，希望集結眾人之力，讓Ray平安回來。

終於當晚十點多，警局傳來好消息，Ray安全的被姨婆接走了。

Ray為何離家？隔天他來學校後，帶著悲傷的神色跟我說著：「我不想回家，因為媽媽不是罵我，就是打我。」

不管大人間的糾葛為何，我實在好想把他抱入懷，給他最真切的關愛。

面對原生家庭的多樣組合與面向，對一個十歲孩子帶來的身心影響，我頭一次體會自己身為教師的無能為力，但也看到教育的最大效度。

我，不可能改變Ray的出身，但可以讓他找到其他立基點。

也許不會因為我的出現，就扭轉他的人生，但我相信那一年的真實相伴，讓Ray相信這世界上，至少還有人不帶著偏狹的目光，歡欣迎接他的成長。

挖掘優點、第二專長

一塊錢的奇蹟

⊙大人可以這樣做

我從包包掏出兩本書，那是我趁著空檔偷偷買下的，還在內頁寫下一段文字給他們。

那段文字內容大致是要他們記得，持續深耕語文能力，因為我始終覺得，一個人只要能在某項才能有所發展，自信心由此而來，就能帶動整體發展。

課業處於後段的Ray，平日整體表現中上的Tina格外需要這樣的正向增強。

Ray，這個孩子標誌著我教學生涯的蛻變。他的驟然離家，驚動了我安逸的生活，具體地展示了過去我所專研的社會學，裡頭談及的社會現象及福利措施等等都是真實的。我像是從象牙塔裡跳出的公主，騎著噴火龍入世（註1）。

離家事件發生在六月的夏天裡，距離我預定與全班道別的日子僅隔一個週末。得知Ray安然返家後，我在週日定下心來製作給全班的影片（註2）。

製作的同時，內心湧上許多念頭，一方面是對全班的放不下，私心裡更有一小部分留給了Ray。

我著實擔心未來一年，新接手的老師是否能夠看到這孩子的溫柔，還是被他總是剛傲的面孔騙了。

我知道自己的離別勢在必行，但千真萬確的放不下，如針扎心，尤其Ray才對我敞開更深的內心情感時，我卻要捨他而去，我不確定他會有什麼反應。

那日，播放影片時。他一臉酷樣，沒跟著流淚，但很是沉默。我知道他心裡難受，但安慰的話也說不出口。

僅剩約一週的時間，我必須公平的照顧全班的感受，所以我籌辦許多活動，讓全班慢慢接受這個事實。

老師，你可以不要走嗎？

終於，六月三十日，學期最後一天，我送走了三十幾位淚眼迷濛的孩子，專心準備打包行囊。就在隔天，我參加研習時，手機裡傳來簡訊，一讀更是教我慌亂，那是Tina寫的，她說：「可以不要走嗎？我希望你不要走。」

我的慌亂來自於Tina平日裡喜歡嬉鬧，是個活潑可愛的女孩。知道我要離去時，並不像幾個女生那樣哭得不能自已，只是淡淡問我：「老師！你要去哪裡？」

如今，當暑假正式開始，她才真正意識到從今而後，再也不是每天都能見到老師，甚至開學後也見不到了，這樣的體認帶來的滿漲情緒，直接透過手機簡訊撲倒我。

我在研習會場，來來回回用簡訊告訴她，甚至偷空打電話告訴Tina：「我們還是可以再見面的。」幾番柔性勸導後，她才稍微安心。

之後好幾天，我跟Tina用簡訊聊天，才知道母親並未與她同住。對這個女孩來說，心裡有個缺口，只是，她平常用灑脫的陽光形象，掩蓋了內心的情感需求，而我感到非常慚愧的是，我從不知道Tina對我有如此深厚的師生情感。

王勃在〈送杜少府之任蜀州〉詩中用「海內存知己，天涯若比鄰」來沖淡別離的傷感，認為只要心意相通，哪管距離之遙，心有靈犀一點通。但我從Tina身上學習到，**不要輕忽這些生命課題對孩子的重要性**，千萬不要認為高年級的孩子就是小大人，他應該要理解這個世界。

師生三人的約會

我們在教育現場談較多的是生死與父母離異，但誰曾想過，對一個小小孩來說，單是想到一個每日見面的人，要搬到遙遠的縣市，就是個難以接受的事實。

就如同Ray那樣，我竟然在靠近孩子靈魂的瞬間，準備遠行，因而，內心日日煎熬。因為心裡的愧疚太多，我便覺得自己責無旁貸要做些處理，但我還能給這兩個孩子什麼離別的禮物呢？

於是，在八月的一個好日裡，我把Ray和Tina兩個人約到了速食店，當作是我們師生三人的專屬約會。

那天，兩個孩子如期赴約，我讓他們點了自己喜歡吃的東西，三個人坐在一塊兒聊天，那場景非常有趣，因為平日在學校，這兩個不是玩在一起的伴，如今卻被我兜在一塊兒。

我也能看出因為這樣的相處，兩個人真真切切的開始認識對方，同時關心彼此的家庭狀況，那種放下無形防衛的純真模樣，讓我覺得這樣的師生約會，有了好的開端。

吃完午餐後，我問他們想去哪兒逛逛。那個年頭的他們，其實也弄不清該如何逛街，但我確定他們絕對不想這麼快就回家，因為學校附近的百貨公司新開幕，我便提議去逛百貨公司。果然，兩個孩兒忙不迭地點頭應和。

說實話，那是我第一次帶學生逛百貨公司，只得胡亂走。當然，來到遊樂區時，兩個孩子都開心的東摸摸，西瞧瞧，但知道自己身上的錢不多，所以，只是小玩了打地鼠遊戲就收手，而當我們走到書店時，好像有一股魔力把我們三人都吸了進去。

我們各自挑選自己愛的書籍閱讀，我也不擔心孩子跑去別處亂晃，倒也不知是哪來的信心，總之，我們就是這樣滿足的窩在書海裡，品味文字。

過了好一段時間，我抬起頭來看看他們正在讀什麼，發現Tina正在兒童故事區讀世界小說，倒是Ray站在某一書架前，我好奇地走過去一瞧。他說：「我喜歡這個作家的小說。」

他手指著書架上一排書，全都是「九把刀」的書籍。一樣慚愧，那年我忙著準備研究所考試，甚少關注網路文學，或說現代文學的發展，所以，完全沒留意到九把刀在青少年間，大有呼風喚雨之勢。

Ray在語文方面表現格外好，但我並不常在學校看他安靜閱讀。Tina跟他一樣，絕少顯露自己撒嬌的那一面。**他們倆總是用剛強的那一面來生存，然後小心翼翼呵護自己的夢想**，這個夢想也許就只是讀自己喜歡的書，或是跟自己喜歡的老師吃頓飯。

在這個書店，夕影西斜，灑在扉頁裡。我真心覺得自己訂下的這個約會實在太棒了。

在孩子武裝背後

於是，我讓Ray買了一本九把刀的小說，也讓Tina選了一本喜愛的小說。接著，我從包包掏出兩本書，那是我趁著空檔偷偷買下的，還在內頁寫下一段文字給他們。

那段文字內容大致是要他們記得，持續深耕語文能力。因為我始終覺得，一個人只要能在某項才能有所發展，自信心由此而來，就能帶動整體發展。

課業處於後段的Ray，平日整體表現中上的Tina格外需要這樣的正向增強。

兩個孩子，拿著兩本沉甸甸的書籍，心滿意足地與我道別。

身為一位老師，就像父母親那樣，疼愛孩子時往往行動優先於理智，若問我當下究竟為什麼相信書本可以安撫這兩個孩子，我絕對說不出什麼理論來。只是在此之後一年，Tina上了國中，念得不算開心，但國文是她所有科目中表現最搶眼的。

至於Ray呢？小六時還算平穩，上了國中，逐漸失去聯繫，輾轉從其他孩子口中知道，他在原本讀的學校發生了一些事情，所以轉學了，我以為就此難再相見。

沒料到在一次運動會裡，意外巧遇他。也許是不好意思，他明明回到母校，卻不敢進辦公室找我，是我拉開窗子，用力喊他。這個已經身高一百七的孩子才走進來。

我看著他，知道他那幾年經歷太多事情，學會了更多的武裝，只是，我還是忍不住想關心這個讓我掛心的孩子。

讓我微笑的一塊錢

那年恰是日本三一一地震之後，台灣社會到處發起捐資救災的活動。我開玩笑的問他：「你最近有沒有做不好的事呀？」

他反問：「什麼是不好的事？」

我笑著再問：「那有沒有做好事呢？」

他突然挺起胸膛，對我說：「有！我捐了一塊錢給三一一。」

很奇怪，這一塊錢竟然讓我微笑了。

我相信當年給予他所有的陪伴，或許抵不上外在的誘惑或刺激，致使他未能奇蹟式的完全走在正途上，但是，我也不認為那些年的陪伴沒有價值，因為，還有這一塊錢。

註1：關於Ray的離家故事請見〈孩子，請趕快回家〉。
註2：關於離別的影片請見〈送你一把鑰匙！〉。

Part4

品格

在是非對錯愈來愈有議價空間的年代裡，品格涵養面臨更嚴峻的挑戰。但只要回到做人處世的根本，一切便昭然若揭。

品格力的傳導最不需要空口立下規則，反倒是大人帶著孩子共工，或設計實際情境，或提供生活典範，這些都能收到良好的效果。說到底，每個孩子都希望自己能成為更好的人。

品格

我來幫忙

⊙大人可以這樣做

我知道態度的改變非一朝一夕，所以，我放慢了腳步，隱身在旁陪伴與鼓舞。

我用的方法一點都不複雜，也沒什麼訣竅，不過就是當竹蜻蜓比較認真打掃時，我會適時的鼓勵她。

我說：「你最近打掃得還不錯喲！」或是：「你的廁所組長稱讚你把走廊掃得很乾淨。」

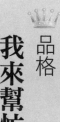

大隊接力賽最迷人的地方，就是合作。具體表現即是當你開始助跑時，只能目光放遠，把準備接棒的那隻手，掌心朝上再朝後擺，等著，等著，溫熱的棒子燙了你的手，催促你加速往前奔。然後，你要完整無誤的放到下一個人的掌心裡，確定放妥後任務才算完成。

在這棒棒相傳的動作裡，傳達的正是**互相信賴與合作**。如果無法達成這樣的心理素養，那麼，縱有再快與再多的飛毛腿，也很難獲得勝利。

孩子的「偏食」現象

這個年代的孩子，追求個人表現有時候遠勝於團體榮譽，加上個人喜好的關係，對於公共事務的投入便容易產生「偏食現象」。就像竹蜻蜓，個性活潑且擁有極佳的人緣，打學期第一天就被全班推選為班長，我也看好她的領導力發展。

當天，同時也要決定打掃工作輪值表，全部的人都知道五年級要負責掃廁所。基於尊重學生，我並不想直接幫他們做決定，所以，我問：「想要先打掃教室的舉手？」

這時，竹蜻蜓出乎我意料之外的也舉了手，我心裡明白打掃應該是她的罩門，只是我沒有任何表示，而繼續跟全部的人說明規則：「那麼，在第一次月考前，你們負責打掃教室，第一次月考後就要輪派到外掃區。同意的人來講桌這邊登記。」

這麼一說後，原本幾個孩子嚷著要待在教室成為生命共同體，也就不那麼堅持了。畢竟，橫豎都要輪派，公平得很。

我則再利用這短短的抉擇時間，確認竹蜻蜓的反應為何。她依舊選擇登記在教室內打掃，我還是什麼話都沒說，只是進行下一階段的工作分配。讓每個人都各司其職，有自己的負責事務。

因為待在教室，少了廁所的尿臭味，這些孩子成天都很開心，竹蜻蜓當然也不例外，而我深知第一次月考之後，才是挑戰的開始。

時間推移一個月後，月考結束當天，我把一組廁所成員調回教室來，而竹蜻蜓這組外派出去。我選擇讓他們自己推派組長，我毫不意外，竹蜻蜓推辭了組長工作，她只願負責走廊打掃與刷洗。

我在這個細微的動作裡，清楚的看清孩子的內心想法。

因為這個階段的孩子，往往很容易集一身人氣，只要當了班長，就容易被民選為廁所組長，或其他學科科長，而從孩子是否願意對於兼職的選擇，更能勾勒出她的喜好。我不想干涉竹蜻蜓的選擇，只想等她成長。

孩子這樣學會負責

只是，才剛分工完第三天，竹蜻蜓完美的形象就開始出現裂痕。

那天早上，當我去廁所進行例行性檢查時，同組成員還在為尿垢或垃圾奮鬥時，竹蜻蜓卻早已不見人影。

其他同學說：「老師！她去練田徑隊了。」

第四天，我看見另一個女孩竟替代竹蜻蜓的工作。她說：「竹蜻蜓請我幫忙，因為她今天身體不舒服，先回教室休息了。」

我知道這已經到了止血點。如不做些處置，竹蜻蜓就會變成一個找門縫鑽的孩子，心性也可能因而被污染了。

我拿捏了說話的口吻，軟聲但堅定的告訴竹蜻蜓：「既然你身體不舒服，那就多休息，但要記得現在別人幫你分攤工作，明天你要多幫忙別人一些。還有，前幾天你沒打掃完就去練田徑隊，我想這不是負責任的表現。如果你想要準時去團隊，那麼，七點二十分鐘響後，你可以先去打掃廁所，然後就能夠提早離開。但不應該把練團隊當成不做打掃工作的理由。」

聰慧的她，隱隱約約知道她已經踩到了我的底線。只是十歲大的孩子，正處於依理行事，與率性而為兩者間的拉鋸戰。有時候，知道與實踐間還是有一條難以跨越的溝渠。所以，她試著讓自己完成基本限度，不再遲到或早退。

半年的等待與陪伴，實在值得

我知道態度的改變非一朝一夕，而當山不轉時，就要路轉，且這是成長的必經道路，催快不得。所以，我放慢了腳步，隱身在旁陪伴與鼓舞。

我用的方法一點都不複雜，也沒什麼訣竅，不過就是當竹蜻蜓比較認真打掃時，我會適時的鼓勵她，像是不經意地在並肩走回教室的廊道時。我說：「你最近打掃得還不錯喲！」或是轉換說法：「你的廁所組長稱讚你把走廊掃得很乾淨。」

幾回見她抿唇微笑，我也不再繼續這個話題。

寒假過後，二月份第一天開學，就是重新開始分配打掃工作的日子。第一輪打掃工作，竹蜻蜓選擇了外掃廁所，但她依舊不擔任組長。

一天下午，陽光燦爛，斜射入二樓的廁所走廊內外，轉了個彎，就要接近竹蜻蜓打掃的廁所。讓我意外的是，我聽到清亮的聲音：「來！我來幫忙！」那是竹蜻蜓的聲音，拐彎過來，眼前的畫面是：竹蜻蜓的好友正在夾廁所的垃圾桶，而她跟隨在後，快手地幫桶子換上新的垃圾袋，然後，她繼續說：「等一下我們一起去倒垃圾。」

站在她身後的我，聽到這一聲「我來幫忙」，覺得半年來的等待與陪伴，實在價值連城，而我滿心的感動就融在這一刻裡。

竹蜻蜓，可以自由自在地飛翔了！

品格

掃廁所的回憶

⊙大人可以這樣做

在發現這班孩子好些個「排斥」或「害怕」打掃廁所。我用一堂課跟孩子說故事，說我小學六年級掃廁所的英勇作為，然後，請他們想想自己這個月來如何戰勝廁所這個大惡魔。

這是長期的生活教育涵養，透過實際的活動「清掃」帶出「團隊合作」及「衛生教育」兩大重要概念。不在課本的白紙黑字，但卻更透人心。

親愛的孩子們：

開學第一週第一天，我看著你們掃廁所時，多數人眉頭緊皺，且畏懼靠近馬桶。雖然你們沒說出口，但我從你們的肢體語言中，輕易的接收到你們「不想掃廁所」或「我怕掃廁所」這個訊息。

我能做的是「陪伴」，陪著你們一起面對這件事情。

如果不是因為開學有太多事情需要處理，老師非常願意跟你們一起掃廁所，一起體驗把又髒又臭的廁所變成乾淨空間的成就感。但是，你們其實已經表現得比我預期來得好。到了星期五，你們發揮螞蟻雄兵的能力，兩三人負責一個區域，快速且確實的打掃完畢，我真的為你們感到驕傲。

你們每個人都是爸爸媽媽最珍貴的寶貝，想必過去很少動手打掃家中廁所，更不用說刷馬桶。坦白說，老師也是。

作為家中唯一的女孩，爸媽呵護備至。在老師小時候，那個年代的廁所跟現在大不相同；並非每間獨立廁所各有一個馬桶和垃圾桶。相反的，每間廁所中的便道是相通的，你可以想像當你在第一間上完廁所，用水一沖之後，所有的「黃金」就會流到最後一間

品格

廁所嗎？這就是老師國小年代的廁所。

幸好待我升上高年級的時候，廁所改建了，就像現在間間獨立。而我人生中第一次拿起馬桶刷就在國小五年級，也就是你們現在這個年紀。

那時候，我擔任班長，老師責令我檢查班上所負責的廁所是否乾淨，我永遠記得地上有一團沾滿糞便的衛生紙，一群同學圍在我身邊，沒人有勇氣處理那團衛生紙。

當時，我只是單純想著：「作為班長，我必須以身作則。」所以，我拿起鐵夾，將衛生紙放入垃圾袋，並徒手打包垃圾袋。

很髒，很臭，但我也感到驕傲，因為我征服了「掃廁所」這件事情。將來的你們，也會記住這段珍貴的掃廁所回憶。

——貓老師

我所服務的這所學校規模甚大，公共環境清掃分工仔細。位處南部，還不興北部部分學校可委外清掃。學校的打掃工作依舊落實在生活教育裡，每個孩子從一年級到六年級都必須負擔每日的清掃工作。當中，五年級可說是整潔衛生的棟梁，因為全校二三十間廁所，全由五年級孩子包辦。

我第一次帶的班級，打掃的是西側的一二樓廁所，猶記得那班孩子並未因為「掃廁所」這檔事而有太大的反應，每天如實地去打掃，我也就這麼悠悠然地度過了。

當孩子「排斥」或「害怕」打掃廁所

四年過去，當我接手第二個導師班時，赫然發現時代的氛圍變了。五年級依舊肩負打掃廁所的責任，但在正式開學前，我從一些小小細細的討論裡，發現這班孩子好些個「排斥」或「害怕」打掃廁所。

當中，不乏幾位是男孩子。而家長對這件事情的態度還算明理，確實覺得孩子應該要試著去做做看，但也希望我讓孩子多一些緩衝時間去適應。這下子我真切感受到「掃廁所」成為我班級經營裡首要的一環了。

向來我不喜歡採強壓路線，逼迫著孩子去適應我們大人所規範的一切，但我又不願孩子任性的只選擇輕鬆事。兩種為難的心情交戰幾日，待拿到廁所清潔分配表，我實際場勘一回後發現，一次得打掃三間廁所，表示大多數的孩子都要面對這個無法逃避的現實。

所以，開學第一天，我便開宗明義跟孩子說：「你們都知道，五年級要負責打掃廁所，沒有一個班級例外，所以，我們班上大部分的人都要去掃廁所，只有幾個人留在教室清掃，為了以示公平，會採取輪流制度。那麼，請你想一想，你想要且一定要先留在教室的舉手？」

好幾個我口袋名單內的孩子果然誠實的舉手。我不想強迫他們，就依他們的意願來分配，第一關「人力分配」就這麼順利結束了。

掃廁所，是門學問

正式打掃後才是災難或說挑戰的開始，孩子多半認分，只是在家裡備受呵護的他們，面對人生的第一個馬桶，可說是下手太難。

而我，親自下場教導後，也發現廁所無疑就是一間廚房，每項都是學問，比如工具間該如何擺設，才符合每個人的需求？要怎麼掃，才能在二十分鐘內清理完所有的垃圾和地板污垢？廁所外的洗手台、花台與水溝，要清理到何等程度？

我在示範的過程中不斷想著，我所定下的標準是什麼？究竟要他們完成即可，還是挑戰更完美的境界？我深深明瞭，**我所帶出的態度會深深影響孩子**，所以，內心可是如履薄冰，仔細斟酌每個細節，尤其必定會遇到幾個孩子怕臭味，挑工作，竟是躲得遠遠的。

讓班上的掃廁所達人，制定流程

可任何世代都會有英雄出現，當有人怕得要命時，就會有騎士出現。

幾個在家裡有掃廁所經驗或有挑戰精神的孩子，如神木、Kenny和Smart 奮起救世，不怕髒亂異味，開始湊上來告訴我：「老師！我在家洗過馬桶，我們都是用短刷子去刷，這樣才會乾淨。」不然就是當其他人不敢處理那些污穢物時，他們如上場征戰的勇士，大膽向前處理完畢。

我順水推舟，讓這些英雄慢慢成為清掃廁所的執牛耳，讓他們參與整個打掃廁所流程的制定，以及標準的建立，這是檯面下我所推動的方法。

掃廁所，也能發展出樂趣

表面上，所有的孩子也為有了同儕的示範與參與，慢慢從中找到了樂趣。比如他們最愛用水管沖地面，然後拿著長柄刷像滑冰那樣，溜來竄去。我知道這樣危險，但為了讓打掃這事帶點趣味，有些時候，我也就放寬了心，縱容他們一下下。

想一想，我們在家裡大掃除，不也如此嗎？家事做來總會找到一些樂趣，因為這些樂趣和成就感，最後成了持續去做的動力。而孩子正在發展過程中，**好玩，絕對是學習很必要的一環**，我希望掃廁所也可以帶些趣味。

大約過了一個月，我覺得他們已經可以坦然接受自己每日都要面對掃廁所一事，而且可以開始面對每天層出不窮的「大小便事」開起玩笑，比如：「老師！22號廁所有人拉肚子，有牛奶味。」或是「20號廁所地上有用過的衛生棉。」我知道他們開始把掃廁所當家事那般自然了。

這時候，我特意導入綜合領域的學習，希望在生活裡的實作，可以化作具體的能力指標。所以，我用一堂課跟孩子說故事，說我小學六年級掃廁所的英勇作為，然後，請他們想想自己這個月來如何戰勝廁所這個大惡魔。

這是長期的生活教育涵養，透過實際的活動「清掃」帶出「團隊合作」及「衛生教育」兩大重要概念。

不在課本的白紙黑字，但卻更透人心。

將來，孩子都會如我這樣，擁有永遠不同凡響的廁所回憶。

註：與本篇相關的文章另有〈榮譽感，從來不是說說而已〉。

品格

謊言築城下的坦白

⊙大人可以這樣做

當學生或其他老師告訴我，班上哪些孩子做了什麼事時，我會先消化得到的資訊，然後，把孩子喚來眼前，告訴他（她）我聽到了什麼，接著是：「這是我聽到的內容，你同意嗎？有沒有其他你想說的？」

孩子在這時候會覺得可以平反，而不是被直接定判。當然，也會有孩子堅持己見，我通常會再分析一次事情的所有狀況，並把最後的價值判斷留給孩子。

生命中第一次很認真面對學生說謊這件事情，是在那年秋天。

事情發生在某節下課，烏魚仔跟一群好友在籃球場奔馳快意時，與六年級的學長姐有了衝突，但他們回到教室時，只說了對方不對的行為，完全沒提到自己才是導火線。

初始，我不以為意，直到隔了一節下課，對方老師帶著學生來教室找我，我才知道事情的真相不是烏魚仔的說法。所以，我把一干人員叫來交叉問話，現場再次比對烏魚仔的說法，馬上察覺到他避重就輕的態度。

我想好好跟烏魚仔談談，於是決定把他獨留在教室內，省去其他好友無謂的助陣和信心喊話，造成更多反射性的築牆自衛行為。

烏魚仔是個笑口常開的孩子，也很貼心的幫老師做各項工作。所以，當他成為班上第一個對外發生衝突的人時，我內心受到不小的衝擊。再者，我自認以他溫順的個性，一定會私底下向我坦白所有，可是，他待在教室內，一句話也不說。

我才知道孩子不是如我所想的那副模樣。

與孩子的內心對話

那天午後，我先讓他自己思考約十幾分鐘後，叫他來坐在一塊兒討論，因為沉澱了一小段時間，加上四下無人，所以，他明顯柔軟了不少，原本僵持的態度有了轉變，願意說出當下的狀況。

因我想徹底解決說謊這件事情，便決定探索造成烏魚仔說謊的主因，自然把話題切入了他的家庭。當我一問：「平常是誰負責接送你回家？」如同小船進入了迷霧航道，我能感覺到烏魚仔停頓下來，接下來他只願意部分的透露家庭狀況。

我試圖拼湊出烏魚仔的家庭故事：小時候跟父母同住，及長便被送到親戚家裡，所以，屬於他的家庭照護系統並不完全，比較像是家族共同照顧，上下學接送可能是伯父負責，簽寫聯絡簿是奶奶專責，三餐料理則是舅媽主持，看似美好的家庭分工模式，可是至少對烏魚仔來說並不夠。

談到父母，他的眼神透著孤寂。我是個直覺性很強的人，做這種一對一談話時，常會跟著對方的情緒起伏，所以，當我眼淚就要掉下來時，專業提醒我作結。

我問：「烏魚仔，很多小朋友並不知道，自己為什麼會不快樂，這樣別人無法幫助他，可是，**如果你知道自己不快樂的原因。那麼，你就有改變的機會**。所以，你知道原因嗎？」

他看著我，肯定地點頭。

「你願意說嗎？」

他很肯定的搖搖頭，我知道自己當下無法進入心牆深處，但是他願意坦露已經是一大進步了。最後，我說：「不願意說也沒關係。重要的是，你既然知道原因，就可以安慰自己，老師希望你能快樂。」

只要說理，只要耐心等待，品格涵養不是夢想

其實，那天對話結束後，我覺得非常挫敗，因為我覺得就差這麼臨門一腳，卻功敗垂成。

說也奇怪，這樣的失敗經驗反而促使我思考該如何跟說謊的孩子對話，幾次經驗與交手後，自動形成了一種客製化的師生問答模式。

當學生或其他老師告訴我，班上哪些孩子做了什麼事情時，我當下會先消化得到的資訊，然後，決定要不要馬上處理這件事情，這樣的「時間取捨」是為了「理性以對」，希望自己用平靜的心來處理。

然後，再把孩子喚來眼前，告訴他（她）我聽到了什麼，接著必定是：「這是我聽到的內容，你同意嗎？有沒有其他你想說的？」

孩子在這時候會覺得可以平反，而不是被直接定判。當然，也會有孩子堅持己見，我通常會再分析一次事情的所有狀況，並把最後的價值判斷留給孩子。因為我堅信只要說理，只要耐心等待，品格涵養不是夢想。

孩子主動承認做錯事

幾回這般處理後，班上漸漸形成一種風氣。瞭解謊言築城，倒不如坦然相對，所以，有一次晨會歸來，小松鼠帶著不安的表情湊到我跟前，她囁嚅道：「老師！早上我去廁所打掃時……」

我以為她要告訴我誰沒打掃，或在廁所內嬉戲，沒料到接下去的話是：「我跟大松果在廁所走廊玩，遇到了六年級老師，所以，我想讓你知道這件事情。」

我瞪大了雙眼看她。心想：孩子正在自動跟我坦露自己做錯事情嗎？感動激盪了心湖，我帶著讚許的口吻說：「我瞭解了，所以，你們後來有沒有好好打掃？」

小松鼠誠惶誠恐地點頭。

我加強了她的正向力量，繼續鼓舞說：「你很誠實這是好事，要繼續保持，但下次要注意打掃時間喲！」

小松鼠蹦蹦跳跳走了。對我來說，當天真是完美的一天。

高牆剝落

作為一位有經驗的老師，或說成為一個在社會打滾多年的成人，對於眼前的孩子是否正在說謊，有著絕對的敏感度。

只是，當一位老師知道學生正在說謊時，多半因為身負指導員的角色，必定想要糾正，但說謊的糾正宛如冰山一角，如果不是找到根源，孩子很可能只是為了應付當下的困窘，選擇部分坦白或一次性坦白，之後，說謊依舊。

在與烏魚仔對話之前，我的指導員角色很強烈，效果也許立即，可從未引導出小松鼠的行為。

在那之後，我跟學生間的高牆剝落，一如松浦彌太郎說的，重視家人的表現方式是「不要把對方逼到得說謊的地步」，這話也可以為我的師生關係下註解。

現在的我，極少用言語或任何手段「相逼事實」，反之替代的**說話方式是「等你情緒平穩，再來找我談談。」「我的看法是……你同意嗎？」「你還有沒有其他的想法？」**

感謝烏魚仔，讓我成為一位放下成見與身段，不會想要立即得到解答的老師。

品格

榮譽感，從來不是說說而已

⊙大人可以這樣做

我採取漸進式的方法請君入甕。

「要先掃地，才可以刷馬桶。如果有臭味，再放一點消毒水。」

「拿長柄掃把把天花板清乾淨。」

大家分工合作，為了一件事情努力，不就是榮譽感的表現？

「三民主義，吾黨所宗……」當我從地下辦公室，隨著國歌聲音拾階而上時，升旗的流程已經進入各處室報告。在三樓右拐個彎後，還必須穿越兩個班級，才能看到我的學生。

就在行進間，我暗自期待著，等一下看到整齊安靜的隊伍，然後，我看到的是：有的學生倚著牆壁休息，有的低頭把玩手指頭，有的東張西望。

想當然耳，全班在升旗後被我訓斥了一番。我所強調的無非就是每個人站出來，就代表這個班級，所以，更應該在公共場合注意自己的言行舉止。

看到孩子們似懂非懂的表情，我也焦急了起來，因為我知道他們並沒有體認到自己是團體的一分子，換句話說，認同團體後所產生的榮譽感，並未在這群孩子間發酵。

急不得，這班成立才一個多月，百廢待舉，榮譽感又豈是唾手可得？

我決定先從個人與小團體落實，設計了個人集點簿，然後讓學生分組競賽，兩種方式雙管齊下，班級內部收到不錯的成效，學生也從個人思考，慢慢轉為團體思考。

但是，距離「班級榮譽感」還差了一大步。這重要的一味得靠全班努力才能萃取而出，可當上學期完全沒有任何一項班際競賽時，我該怎麼做呢？

提升榮譽感的妙方

我決定讓班級走出去，首先，我評估「得獎」是最直接的獎賞，聽到廣播傳來某某班級獲得哪項獎章，孩子的內心必定升起驕傲感，這樣的驕傲感便會驅動榮譽心，讓他們持續努力。所以，我設定「打掃廁所獲得整潔獎項」為首要目標。

比賽，從來就不是簡單的事情，尤其要得到整潔獎更是困難。我知道這很不容易，因為對五年級小孩子來說，踏入有著尿騷屎臭味的廁所，必須鼓起相當大的勇氣，更遑論要將大小便斗刷得乾乾淨淨，簡直比要他跑步十圈還痛苦。

考慮了孩子的排斥心理，以及獲獎之後可帶來的喜悅，我採取漸進式的方法請君入甕。

一開始，我在一個輕鬆的氣氛中，請全班想一想他們打掃廁所的心得。我說：「你們覺得自己掃得很認真嗎？如果認真的話，我們班不能得獎的原因可能是什麼？」

看到孩子發愣的表情，我想他們應該從沒想過吧？而是把這些當成例行性公事。讓孩子反求諸己後，我當著各組組員面前，看似不經意，但其實刻意的說：「請組長等一下利用下課時間去觀摩得獎廁所，再來告訴老師別班和我們班的差別。」

這麼一說，果然激起了觀察敵情的鬥志。下課時分，幾個參與度高的孩子也會跟著組長前去。

觀摩後，他們常在教室裡交頭接耳分析敵我優劣，比如讚美的話：「老師！他們的廁所地板很乾淨。」

也有挑出小毛病的評論：「老師，其實他們的小便斗沒刷乾淨啊！」這時候，我就要曉以大義，把他們思考的路線導回正軌。

老師最在乎的事

坦白說，在這過程中，我常是如履薄冰，深怕自己沒掌握好分寸，讓孩子落入單純競爭的迷思中。

所以，我經常說：「老師不在乎你們有沒有得獎，我只在乎你們是不是把一件事情做好？以及，當你把自己的事情做完時，你是不是願意幫助別人，一起讓廁所更乾淨？」等到我確認全班都有這樣的體認後，我才有了下一步動作。

挑了一天中午，我商請衛生組長利用午休時間，實際示範打掃一次，讓孩子瞭解清掃的要領。就像觀摩廁所一事只要求「組長」那樣，這次的觀摩打掃我也只明定「組長和刷洗便斗的負責人一定要到場，其餘可自由決定」。

我刻意透過「少眾參與」，激發其他人的好奇心。這招果然奏效，那天申請外出觀摩的學生達三分之二以上。

感謝衛生組長不辭辛勞，親身示範，更對孩子過去的表現讚譽有加。

孩子的戰鬥祕技

隔天，三間廁所如火如荼動了起來。我默默的在旁觀察，聽他們彼此分享戰鬥祕技：

「要先掃地，才可以刷馬桶。如果有臭味，再放一點消毒水。」

「拿長柄掃把把天花板清乾淨。」

「記得拿抹布把洗手台擦乾淨喔！」

大家分工合作，為了一件事情努力，不就是榮譽感的表現？

隔週一，整潔競賽結果公布了，我們一舉拿下兩席，分居二五，唯一沒獲獎的一組顯得落寞。

我站在講台上說：「恭喜你們！這是全班的榮譽，所以，每一組皆可嘉獎兩分，個人獎勵簿也可蓋兩個章。」

未獲獎的組別不可置信看著我問：「老師！我們也可以蓋章嗎？」

親愛的孩子，你當然也可以，因為你是這個班的一分子。

我想你們也已經瞭解，榮譽感，從來不是說說而已，更要身體力行。

品格
最易行的品格教育

⊙大人可以這樣做

我要求自己以身作則，經常將「請、謝謝、對不起」掛在嘴邊，比如：「請你幫我拿作業簿過來。」或「請把課本拿出來。」

另外，我與科任老師溝通，請他們一同關注孩子的禮貌表現，也罕見的請家長閱讀此信並簽名。

禮貌，好像逐漸在這個世代消失了，我們經常耳聞年輕人霸占博愛座，或是口出惡言等行為，我們因而格外懷念這項美德。

場景轉換至國小亦然，我發現懂得問好道早的孩子變成了少數，其他孩子見狀並不會跟進。更不用說，當他們面對師長或同學給予任何有形無形的輔助，一聲謝謝，成了可遇不可求的期待。尤其，當我比較四、五年前的班級時，更能強烈感受到。

禮貌，抽離了孩子的身體，成為一種需要教育的品格力。只是，該怎麼教？

禮貌該在學校養成

談到如何教，就需思考為何教。身為老師，我常常面臨很大的衝突感，因為，我渴望引導學生的主動性，而非強力輸入概念。所以，我根本性的相信：禮貌，是發自於內，表於外的行為，不該是我以強制方式得到的結果。

如果，我必須事事要求，提供規矩，才能塑造班級禮貌的氣氛，那麼，這樣的結果是不是表象？只是，看著孩子一天比一天還背離禮貌大道，我愈來愈焦急了。

終於，在一次機緣下，我與身為餐廳經理的好友聊及此事，原本的意念終於動搖了。經常需要進行員工教育訓練的她說：每回看到員工不懂得如何與上司溝通，或是與顧客應對失了分寸，這都會影響她對該員工的考核，而她也常問自己：「這些基本禮儀不是學校就應該養成的嗎？」所以，她懇切希望我能在孩子童年階段就教會他們禮貌。

我覺得老天是刻意要推我一把的，因在這之後，我在高雄背包客民宿遇見的兩組旅人，他們「現身說法」，讓我見識到有禮貌的人，是何等討人喜歡，以及可以讓氣氛變得何等融洽。

與家長配合的禮貌運動

其中一組客人是女大學生，遠從宜蘭而來。另一組母女檔，則自新竹南下。相同的是，她們能夠體貼同一房間的我，早已上床準備休息，所以，凡事壓低音量，動作輕柔，為的是讓彼此都能住得愉快。這樣的美好經驗，促發我回到學校時，寫了一封好長的信件給孩子，正式宣告本班進入禮貌時代。

我朗讀此信，張貼此信，便於讓他們瞭解我為何這麼做，然後，我連續三天到校

品格

時，刻意不主動向孩子問早，逐一計算有幾個孩子問好，再公開統計數字。

同一週內，我強力要求自己以身作則，經常將「請、謝謝、對不起」掛在嘴邊，比如：「請你幫我拿作業簿過來。」或「請把課本拿出來。」

另外，我與科任老師溝通，請他們一同關注孩子的禮貌表現，也罕見的請家長閱讀此信並簽名。如此動作，是希望讓孩子身邊的重要他人，都能有志一同的參與或支持。

讓人感佩的是，我有一群配合度極高的家長，他們經常與我在聯絡簿上溝通孩子的常規，甚少對於學業成績錙銖必較。所以，當我一發下那封禮貌教育信函時，隨即收到家長的回條，她說：「黃老師！今天看到這封信，馬上與同仁分享，真希望將來我的孩子也能夠如同信裡提到的大學生，那樣有禮貌。」

於是，成效來得又快又急又美，大約兩週時間，禮貌就內化於孩子的內心。

孩子動人的轉變

每天早上，我能看見孩子微笑，道聲早。然後，課堂間如果電話鈴聲響起，接線生機靈呼喊：「電話來了，安靜！」全班瞬間壓低分貝，讓接電話變成了簡單的事情。以前喧鬧的教室，如今動靜分明，禮貌模式不斷被複製與創造，行事有準則與禮儀成了最具體的班級畫像。

像是孩子向我借用剪刀時說：「老師，可不可以請你借我一把剪刀？」或在他們領取簿本時，會俏皮地說：「謝謝！」

爭端少了，氣氛和諧了，臭臉指數降低了。我才知道，這個階段的孩子既能教導，也樂於學習。行禮如儀，原來是最易行的品格教育。

寫給家長的一封信：

親愛的小朋友：二月初尚未開學之際，我在高雄一間背包客民宿，度過了四天悠閒緩慢的生活，除了當地天天有溫暖的日照，讓人心情大好外，我遇到了兩組非常特別的客人，我真希望，現在的你們，或是將來長大的你們也可以讓別人留下如此好的印象。

與我當室友兩晚的三個女生，正值青春年華。她們三個目前是大三學生，分別就讀不同的大學，但同為國中好友。所以，她們相約從宜蘭到高雄旅行。首先，她們搭火車到台北，然後轉搭好幾個小時的客運，到了高雄後再轉捷運到小港站，最後走二十分鐘的路程到這間民宿。

我讚賞的不是她們獨立遠行的能力，是她們待人有禮。

第一天晚上，我剛從屏東走完七孔瀑布回來，加上前一天的阿朗壹古道，連續兩天耗盡體能，因此，早早洗澡後就爬上床鋪，想要好好休息一番。因為，我經常在國內外旅行，也練就一身適應各種睡眠環境的習慣，所以，我並不在意房間的燈光是開還是關。

三個女生一發現我躺在床上後，第一個女生馬上問我：「我們關燈好了。」就算我說不必，她還是立即關了大燈，只留下床鋪的照明燈。然後，第二個女生走入房內，隨即說：「不好意思，吵到你了。」接著，第三個女生因為洗頭需要吹風機吹乾。我直要她吹沒關係，同樣的，她帶著非常抱歉的聲音，儘快將頭髮吹乾，在我真正入眠前，她們三個好朋友始終都用「氣音」對談，深怕吵醒了我。

那晚，我覺得自己何其幸運，竟然會遇到這麼好的室友。

隔天早上，在我下床後，三個人也陸續起床。你們絕對無法想像，她們分別向我道早。這是多麼有家教的女孩子，以及多麼顛覆現在社會對時下年輕人的看法！從這個例子，我回頭看看你們，不免覺得憂心忡忡。

因為，你們基於各式各樣我不瞭解的原因，並沒有將「做一個有禮貌的人」當作是重點。所以，你們想講話就大聲講話，完全不考慮當時老師是否正在休息，或是教室內有人正在講電話。然後，讓你們自由運用的午休時間，非得掉落一根鉤針，或用力划過釘板，因為，全班只有老師一個人正在休息。

至於，你們彼此相處，更是未曾以「禮貌」為首要考量，所以，對同學說話皺著眉頭，動不動就是「屁啦！」或是「幹嘛？」因為，你們未曾考慮過「禮貌」的重要性，所以，問好問早是老師先開口。客人到來與離開，當作是空氣那樣不存在。

我因而可以想像，當這樣的你們長大後，就會變成主管心目中表現不佳的員工，因為，你不知道如何跟客戶有禮貌的打招呼，你當然也就不瞭解人際間有禮貌的相處，可以為你帶來多少有形和無形的資產：請你試著想像，一個朋友笑臉對你，與一個朋友臭著一張臉，你願意親近哪一個？或是，當你的好朋友經常口直心快，不考慮你的感受時，你還會這麼在意這段友情嗎？

同樣的道理放在工作上，或是跟長輩相處也一樣，一個有禮貌的人，會讓其他人願意接受他不完美的地方；而一個看似能力很好，應對卻很馬虎，或是態度傲慢不自知的人，只會讓人想起「小時了了，大未必佳」這句名言。或是，當他遇到困難時，沒有人願意伸出援手。

如果舉大學生的例子，離你們過於遙遠，那麼就來看看第三天我遇到的母女檔。這個女兒僅是小學二年級，媽媽是家庭主婦，但是熱愛旅遊，所以，母女皆穿著運動鞋，從新竹南下，當了兩天的背包客。

一直以來，每當我搭乘高鐵或其他交通工具，或是進到任何餐廳吃飯時，只要看到裡頭有小朋友時，我都會不自覺皺了皺眉，因為，十有八九，這些小孩子會在他們想像得到的地方，用力奔跑，大聲說話，善用「年紀還小」這個特權，成為名副其實的小霸王。

但是，這個小二的女孩行禮如儀。她洗完澡後，堅持要完成一天的作業，坐在桌子前把旅行心情畫下來，然後，用「氣音」跟媽媽說話。當然，媽媽也是同樣放低音量，不斷地跟我道歉，怕吵醒了我。

我想說的是，媽媽以身作則，女兒便習得了好家教。想問問你們，老師是個有禮貌的人嗎？除了同學犯錯以外，我曾經無理由的對你們大吼大叫？或是，當你有事情找我時，我對你擺一張臭臉，甚至回你一句：「幹嘛？」當我麻煩你分擔班級事務時，我是不是常常說：「請你幫忙。」

如果是，你們有沒有從我身上學到做人的原則？如果沒有，那就是我對你們的要求太少了。

我沒有辦法想像，當你們在教室內對同學以及對老師是如此隨便，你怎麼可能對家人有禮？以及，你怎麼可能對未來的上司有禮貌？因為，家教從來就不是一天一夜可以形成的。

寫了整整兩篇，是要告訴你們，從今天起，禮貌是我對你們每個人絕對的要求。當你們無法自動自發時，我會用「要求」的方式來幫助你。也許你會覺得不適應，覺得彆扭，覺得不好意思，覺得不習慣。但是，我寧可你現在度過尷尬期，也不要將來你成為我最不想遇到的「小霸王」或是「公主」或「王子」。

去留意生活資訊吧！現在的公主和王子愈來愈多了，公車上不禮讓老人，一切計較而不付出，把別人的辛苦當成理所當然。你、妳，以及你們的家人們，應該都不想成為這樣的人吧？

以下九點是你一定要做到的禮貌行為：

1看到任何師長（包含我）請行禮問好，並道別。

2看到任何客人請行禮問好，並道別。

3只要教室電話鈴聲一響，全班降低音量。

4任何老師（包含我）說「下課」時，請你說：「謝謝老師。」

5交任何東西（含作業或訂正）給老師時，請說：「謝謝。」

6詢問老師問題時，請說：「請。」

7無論任何原因，任何行為，讓別人不舒服（包含我），請馬上說：「對不起。」

8不要對同學或師長，擺出任何不悅的表情。

9在教室內舉止輕柔，移動桌椅或拿取東西或小組討論，請放低音量。

Part5

陪伴與支持

青春期的孩子，剛強與軟弱並存，只是選擇呈現的比重不同。

大人可試著放下習慣，用孩子的高度看事情，你會發現那底層有著孤獨、徬徨與不安，此時，他不需要我們的疾言厲色，或諄諄教誨。他只是一時迷惘罷了！就給予簡單的陪伴吧！那即是支持的最大力度，往往許多衝突點就在如斯情意裡，淡化烏有。

陪伴與支持
說不出口的爸媽心

⊙大人可以這樣做

與全班聚餐時，我大聲宣布：「老師好久沒見你們了！所以，我們今天特闢私人聊天時間，等等每個人都要單獨跟我聊天一分鐘，來，誰要當第一個？」

孩子一點都不覺得被約談，反而爭先恐後要排前頭。

當中，我巧妙融合了家長說不出口的期望，用談天說笑的方式，一起探索青春歲月的衝撞，尤其是如何跟家長相處。後來，我發現自己不僅可以當家長的助手，還能當孩子的眼睛，我們一起讓親師生三角形變成一個圓。

那天，高雄陽光透過大片落地窗，灑在會場厚厚的墨綠色地毯上，小小的金黃光圈飄浮在空氣裡，煞是美麗。時值茶點時間，我細細啜飲紅茶，在腦海裡重溫上一場次作家談及他的創作歷程故事，想著該如何融入我的閱讀課程裡。

「鈴鈴鈴」手機鈴聲響起，接起來發現是小手子的媽媽來電。

她說：「貓老師，你明天要回嘉義跟小手子這班見面對不對？」

我以為是媽媽不放心，要確認是否有此事。趕緊答是，未料。她竟話鋒一轉，軟聲說：「老師！我想拜託你一件事情，我們小手子就聽你的話，由你來跟他說，我相信他會聽得進去。」

父母們的憂心請託

小手子媽媽細說在我離開嘉義這幾個月。升上六年級的小手子，也許是進入青春期，所以，跟低年級的弟弟處得不是很愉快，以往老是以身為大哥哥為豪，處處照顧弟弟，現在卻嫌弟弟黏人，經常擺臉色給弟弟看。做媽媽的處在中間總是為難，說小手子幾句，得到的依然是張臭臉。

「老師！我都不知道怎麼跟小手子溝通了。你幫幫忙，好嗎？」

我在這頭百分百接收到媽媽的焦慮，所以，先安撫媽媽的情緒。讓她知道青春期的孩子，開始對自我產生探索，過程中難免不平衡，所以，**有時候換個孩子信賴的大朋友或大人來溝通，會比已經定型的親子溝通模式還有效**。其實，我知道媽媽就等我答應這句話，收電話前，我知道她安心了。

無獨有偶，當天晚上我打開社群網站時，跳出了一個訊息頁面。那是糖葫蘆的媽媽寫來的。她說因為再過一年，糖葫蘆就要升國中了。她擔心糖葫蘆跟不上國中的數學課程，所以，過去不補習的糖葫蘆，現在被她送去上數學課。

只是，數學老師催得急，糖葫蘆也不是不認真，但就是達不到老師的標準。有時被老師用愛心小手處罰了一下，糖葫蘆因此覺得很挫折。

另外，一起去上課後數學班的同學，有些愛嬉鬧，總愛開糖葫蘆玩笑。糖葫蘆雖然不會理對方，但媽媽知道後覺得這樣的相處方式會影響到孩子學習。所以，她想著明天我就會跟整班的孩子見面，到時候能不能多鼓勵糖葫蘆。想當然耳，我一口答應了。

教育，需要親師合作

一天內接到兩通請託的訊息，讓我看到自己的角色轉換了。過去親師生三角關係裡，老師代表學校，加上地處南部，家長多是尊崇學校，連帶也很敬重老師。因此，親師間的交流往往是孩子可能在校表現不佳，老師需要家長知悉此事，才啟動家庭功能，來協助孩子改正行為。

何時才會供需互換呢？一年裡大概就是班親會這時候，家長才能向老師吐吐苦水，說著孩子在家裡的種種行為，希望藉助老師的力量來導正孩子在家的表現。

我記得第一年帶導師班時，卡巴的媽媽就提到那段時間，卡巴每天早上起床就臭著一張臉，這可是前所未有的事情。

媽媽為此感到煩惱，當年的我，還沒習慣跟孩子聊天，每天只懂得埋首批改作業和準備教材，輔導策略是很弱的一環。但接到卡巴媽媽的請託，心想自己總要想辦法解決此事，畢竟孩子在家與在校是一線之隔，兩個空間內的想法互相交融也互相影響。

我實在不能只顧著孩子的在校行為，忽略家庭這個區塊。因此，隔天我帶著惶恐的心情，趁著朝會升旗時，走到卡巴身邊，輕輕問：「媽媽說你最近早上起床常常很生氣，為什麼？」

我估計卡巴會抓抓頭髮，不敢回答。因為這是我跟他說話時，他慣有的反應。沒想到他卻告訴我：「因為我睡上鋪，吹不到電風扇，很不舒服！」

聽到這話，我低下頭。發現他的腳布滿抓痕，看來是個膚質過敏的孩子。後來，我貼了張便利貼在聯絡簿上，告訴媽媽卡巴睡醒臭臉的原因。

隔天媽媽馬上回覆感謝我，她說她會去買台電風扇。

擔任學生與父母間的橋梁

這是很小的一件事情，但我在當中感受到前所未有的驕傲、感動。原來，我也可以用一個簡單的聆聽者與發問者的角色，充當潤滑劑，讓親子溝通無礙外。更讓孩子試著從不同的角度，評斷自己的反應與行為，會對家人產生哪些影響。

多年前與卡巴的那段對話記憶猶新，如今，收到小丰子與糖葫蘆家長的請託，我更是不敢怠慢，希望能夠略盡棉薄之力，所以，我給兩個孩子各寫了一封信，用家常的口吻，說著我的生活趣事，然後導入家長請託之事，**把所謂的道理用甜蜜的故事包裝**，讓孩子願意吃下去，還滿心歡悅呢！

隔天，我在預訂的餐廳前等候三四個月不見的孩子，每個都由家長親自送來，更有好幾位家長抓著我的手。站在小葉欖仁樹下，拚命說著孩子升上六年級的改變，當然，都是摻雜著擔心的情緒。

不外乎孩子有自己的想法，不再像以前那樣聽話，或是容易受到外人的情緒影響，連帶自己學習也不穩定。

陽光燦目，我微笑且輕柔的回應，並堅定的告訴他們：「不要擔心，等等我會好好跟孩子說。」

孩子樂於被「約談」

於是，與全班聚餐時，我大聲宣布：「老師好久沒見你們了！而且，遠道而來，所以，我們今天特闢私人聊天時間，等等每個人都要單獨跟我聊天一分鐘，來，誰要當第一個？」

孩子一點都不覺得被約談，反而爭先恐後要排前頭。

我們就在餐廳二樓的角落圓桌旁，開啟私密時光。

當中，我巧妙融合了那些家長說不出口的期望，用談天說笑的方式，用大朋友的姿態，一起探索青春歲月的衝撞，尤其是如何跟家長相處，走到後來，我發現自己不僅可以當家長的助手，還能當孩子的眼睛，我們一起讓親師生三角形變成一個圓。

陪伴與支持

最可愛的開學鬧鐘

⊙大人可以這樣做

小雅媽媽疑問地再次確認：「老師！真的沒關係嗎？這樣會不會影響小雅的學習？」

「不會！我覺得她跟你回大陸比較重要。」

媽媽的表情很是動容。當下，我也眼眶泛熱。

二〇一一年十二月底，我第一次見到小雅的母親，她特地抽空到校來找我，問：「老師！今年過年我要帶小雅回大陸，現在就要訂機票了。請問，我可以幫小雅在期末請三天假嗎？」

多年來投入語言公益服務的我，當然能感同身受，瞭解對於這些在台移民來說，難得攢夠錢回鄉探親，是一件多麼難得的事情。

二話不說，我馬上允諾：「沒問題。」

小雅媽媽疑問地再次確認：「老師！真的沒關係嗎？這樣會不會影響小雅的學習？」

「不會！我覺得她跟你回大陸比較重要。」

媽媽的表情很是動容。當下，我也眼眶泛熱。

愛與支持，讓孩子無懼向前

在家庭功能逐漸式微的年代，我願傾全力讓親子間有更緊密的聯繫，因為，擁有足夠的愛與支持，孩子才會無懼的向前。

期末活動年年有，但返鄉遠行非比尋常。自從購買機票後，我能感覺到小雅的心已經飛向海的另一頭，所以，第三次月考才剛結束，我馬上把幾項寒假作業交代好，祝福她一路順風。

寒假整整二十一天，我跟小雅暫時切斷聯繫，彼此在新年裡優游。即便如此，我依然掛念這個出國的孩子。沒想到，我的掛念有了出口。

開學前一週，我去了阿朗壹古道，回程在高雄民宿度過數日緩慢生活。每天，看著陽光灑落庭院，起床洗衣服，然後找一本書閱讀。

這天，正在庭院發呆時，手機鈴聲響起：

「老師！……」（停了三秒鐘）

「……老師！新年快樂！」（她突然想起爸媽叮嚀，送上祝福。）

「新年快樂！你要不要先說自己的名字？」

「喔！我是小雅。」

「你從大陸回來了啊？」

「對，老師，我不知道開學要帶什麼東西。」

「寒假作業，以及書籍，以及餐袋。」

「好的，老師！下禮拜見！」

記得當時，我在日記本寫下：「我喜歡這樣的電話型鬧鐘，透過與孩子的對話，幫助我逐漸回神。」別說孩子需要家長幫忙收心，連老師也需要呢！只是，身為大人，這樣的收心工作得自己來。而接到這難得的電話，我竟然開始期待起下週的開學日。尤其，我格外想要看看這個去大陸二十來天的小姑娘，經過不同文化的洗禮後，產生了哪些有趣的變化。

發自內心的學習

終於開學了，眼前的小雅一樣很有活力，但是變得開朗許多，以往偶有的陰鬱表情全都消失了。

我問她：「大陸好玩嗎？」

她點頭，告訴我媽媽帶了好多伴手禮回台灣，然後又蹦蹦跳跳地離開。

讓人欣喜的是，她每天努力的追趕缺漏的寒假作業。那種發自內心的學習模樣，教人動容。

我絕對相信，這趟遠行，擴展了她的視野。人總是在見識愈廣之際，才懂得謙卑。小雅，終於長大了。

等待孩子成長，就像期盼花開，不知道是在白晝裡、暮色中，哪個時段悄然綻放，而大人唯一能做的就是，盡最大的關懷，捕捉孩子最動人的姿容。

也許是我的關懷，或瞬間成長起了作用。總之，當孩子能瞭解老師心有所感，真切地站在她的角度看世界，也許，溝通大門因此而展開。

陪伴與支持
我最重要的東西是什麼？

⊙大人可以這樣做

荷香遲遲未交閱讀作業，面對我的嚴肅面容，荷香解釋：「老師，我之前生病，所以少上了一堂課，不知道要做這項作業。」

只要孩子有心學習，我都願意相信且再次給予機會。我始終不曾放棄等待，始終願意在時間內多驅策孩子一些。

忙碌的六月，照例是學期末，身為圖書閱讀教師，在行政上須著手盤點圖書館典藏，並統計各班閱讀量，好為一個學期劃下完美的句點；在教學上須加緊腳步處理每個學生的學期成績，趕赴期限前繳出成績單，因此，六月的每一天，天天跟時間賽跑。

總算，中旬到來，大部分工作將近完成，每班僅剩下幾位學生尚未繳交期末作業「你最重要的東西是什麼？」（註），我也將名單交付各班導師，請他們協助催交。

相信，並等待孩子

這天下午，夕陽西斜，時針來到三點五十五分。一個小女孩怯生生站在門口，她的身影被夕陽拉得長長的，蓋住了我批閱作業簿本的桌面。我，抬起頭來。發現，這個小女孩是荷香。

我記得早上的閱讀課中，她被我念了一頓，因為她遲遲未交期末閱讀作業。面對我的嚴肅面容，荷香軟聲解釋：「老師，我之前生病，所以少上了一堂課，不知道要做這項作業。」

原本我以為她同某些孩子一樣，故意缺交作業而有點動氣，但那怯怯的臉龐，直率的解釋，讓我瞬間柔軟下來。其實，只要孩子有心學習，我都願意相信且再次給予機會。

於是，我緩和了口氣，眼眸轉亮了，要荷香抓緊時間補寫〈我最重要的東西是什麼？〉即可，至於其他可加分作業，如果時間真的來不及就算了，我始終不曾放棄等待，始終願意在時間內多驅策孩子一些。

其實，我對荷香並不特別，我也這般對其他所有缺交作業的學生，但是往往發現，即便這樣耐心等候，但願意自我驅策的學生不多。

有人老早決定放棄，有人即便繳交也帶些敷衍。不管如何，只要孩子願意補交，我都覺得仍有可為。所以，當荷香聽完我的叮嚀，點點頭表示清楚時。說實話，我並沒有太高的期待。

在熱氣逼人的午後，我流淚了

沒想到，下午三點五十五分，陽光燦燦，我埋首在筆電和學生作業裡，荷香站在門口，站在陽光裡。她走近，遞上閱讀本，有禮的說：「老師，我寫完了。」

完全無心多想的我，只是瞥了一眼說：「寫完了？很好，那就放著吧！」

她輕輕道聲謝謝後離去。她離開後的半秒鐘，我下意識瞧一眼荷香的本子，總覺得有些異樣，感覺荷香似乎想說些什麼。所以，我翻開她的作業，一頁頁翻過，前往名為〈我最重要的東西是什麼？〉扉頁。

我以為只會看到簡單的圖畫線條或文字，因為過去幾週收回這項作業，發現對這世代孩子而言，電腦有著強烈吸引力，他們渴望各式各樣高科技產品，來豐富自己的生活，所以「電腦」對他們來說不可或缺。另一群孩子則是側重情感面，認為家人是世界上最重要的東西。而絕大多數孩子不管是透過筆寫，或繪圖來表達，在我未強硬規定下，他們泰多不會多花心思為作業上色。

可是，荷香這一頁不同，豐富的色彩跳了出來，我被捲入荷香的故事漩渦裡。

看完後，我流淚了，就在三點五十五分，豔陽高照，熱氣逼人的午後……

我最重要的東西是這個愛心形狀的吊飾，因為這個東西是我爸爸過世之前送給我的。

我一直把它收起來，因為這是珍貴的回憶，我真希望能和爸爸相處久一點，所以，我一直把這條吊飾保護起來，不讓它不見。

我好想念爸爸，所以這條吊飾就好像爸爸一樣，所以不能讓它不見。

這條吊飾是我最珍貴的回憶，也是爸爸的愛。

人說情到深處無怨尤，那是侍奉愛情的最高境界，願意為伊消得人憔悴，只因相信所感所念。那麼，世間的其他感情可有此妙境？過去的我不曾想過，但荷香對於爸爸的想念，用一條吊飾來守護，觸發了我對教育的層層體悟。

是的，我極其有幸，與荷香能為師生，以展讀故事。**那是夏夜裡，荷塘邊，沐浴月光下所感受到的純然潔淨，更是延續教育這份細膩瑣碎工作的動力。**

就在這一刻，我真能無怨無悔地接納自己這份工作，甚至視為一項志業。因為這樣的情意感受，是無形的資產，永難忘懷。

註：「你最重要的東西是什麼？」作業設計理念源自該書，請孩子思索自己最重要的東西為何，並用畫或寫的方式呈現。

陪伴與支持

你是很兇的老師嗎？

⊙大人可以這樣做

當學生做錯事，我體會到要放下自己的教師自尊心。利用全班去上科任課時，把幾個特愛搗蛋的孩子留下來，好好說說話。

多半在循循善誘下，孩子願意拋下自尊，坦承自己的過錯。

我看到了師生溝通的本質，從而更確信體罰不是唯一的一條路。而且教育如果能夠這麼快就達到立即成效，那麼就不是「教育」了。

工作之餘，我最大的娛樂就是旅行，尤其特愛單人旅行，沒有旅伴，只要順從己意就可以。大概是因為平常工作大量說話的時間占得多，單人旅行時只需跟自己好好相處，少了張口的必要性，也就能夠有更充足的時間，調養心神，並省思自己的言行，就在行走四方之時，逐一沉澱思緒。

二〇〇九年的冬天，我趁著寒假時節，來到我鍾愛的後山花蓮。租輛摩托車，沿著七星潭海岸線往北行，海風穿過瓊麻林，形成一條條弧線，覺得有些冷意。無妨，出了小路，接上省道，再彎過一橋，來到三棧溪。三棧溪現今以溯溪聞名，但我對這裡的記憶卻是不同。

大一時，老師曾帶著我們這群準教師來此進行第一次的觀課。對一個西部長大的孩子來說，東部的任何景致永遠充滿了新奇感。三棧國小臨溪而立，走在校園內便能俯瞰溪水川流。

為人師前的每次校園巡禮，總會在心底留下洄圈，我雖然忘了那時候觀課的內容，但是對於這小學總有幾分的懷念。所以，當我正式成為老師的第六年，我想回頭去找尋當年的回憶。

三棧溪這些年為了推展觀光，社區營造有成，那光鮮亮麗的旅遊服務中心，以及鋪平整齊的停車場，讓我一時間無法與記憶接軌。繞了一下，發現三棧國小就在後頭，三棧溪也依舊湍流。

我隨意在校園內走走，不想遇到了兩個正在玩耍的孩子。其中一個男孩看起來大概是中年級，他不怕生，就這麼跟我說起話來。

我們邊說邊移往溪邊，他在大石頭間跳來跳去，身手靈巧，不時的告訴我溪裡有哪些小魚，活脫脫就是個山林的孩子。

聊著聊著，我們竟就在山野裡討論起「體罰」這件事情。

體罰真的有效嗎？

「你是很兇的老師嗎？」他抬起黝黑小臉，帶點調皮和疑問看著我。

「你覺得我是嗎？」我反問這個部落小孩。

「我不知道，我們老師都會打人耶！好兇。」他笑著說。

「我沒打過學生耶！」想起兩年前帶班的情形，我笑著回答。

「為什麼？我們老師都用那個很粗的棍子，打下去很痛。如果你的學生不乖，你要打。」小男孩開始回憶老師的模樣。

「我不想打，你覺得打人真的有效嗎？」我喜歡問小朋友這些問題，結果他沉默了。

看他沉默，我知道小小的心靈裡正在建構思考的城堡。

到底打人就真的有效嗎？二〇〇九前幾年的杏壇風氣，雖然已經大力倡導不體罰，但是，部分老師偶爾難免藉助此力，來整肅班級。而我這個菜鳥老師，其實單是為了提升自己的英文教學專業知能，就已經忙到不可開交，所以，要把學生管束得多緊，實在不是當時的首要考量。

在科任時期裡遇到的學生輔導機會並不多，既然如此，也就採取跟學生溝通，以及與導師配合的方式處理。也就這麼著，我自然走上了不體罰這條路。

但，那個時期，那個環境，那個氛圍，對於老師的班級管理能力有高度的期待，期望你的學生排隊井然有序，恪守本分。

一個完全不動棍子的老師，在科任教室裡也許還吃得開，但是，轉換成導師可絕對是個挑戰，畢竟班上好幾個孩子已經習慣在棍子或責罵裡長大，他們的行為是透過這些外露式的教導來更正的。

責罵孩子，收到預期的成效了嗎？

為此，我曾經大動肝火。像是一回飛虎跟科任老師又起衝突，嘻皮笑臉，完全不想解釋，也看不到自我反省。

當老師的如同父母，完全難以忍受後輩的不正經，自然心火直冒，我也不例外，先是大聲斥責，想不到飛虎笑得更是誇張了，就如同彈力球那樣，我們互相激怒對方，只是，我帶著教師的權威，占盡講台的優勢。在責罵飛虎的同時，也連帶讓全班都跟著一起聽訓。

最後，到底誰贏了？我心裡清清楚楚知道，這個方法只收到告誡其他孩子的效用。

對於當事者飛虎來說，輔導效果等於零。

我就在一次次嘗試失敗中，慢慢體會到要放下自己無謂的教師自尊心，利用全班去上科任課時，把幾個特愛搗蛋的孩子留下來，好好說說話。因為教室裡沒有其他閒雜人等，孩子也就不需要偽裝自己。多半在循循善誘下，也願意拋下自尊，坦承自己的過錯。

雖然，那時候的我，稱不上有系統的輔導策略，但是在做中學裡，看到了師生溝通的本質，從而更確信體罰不是唯一的一條路。

言語責難造成的結果，並不輸體罰

走過那一年，我去了研究所，來了這場單人旅行，跟部落孩子開啟這場對話。這時，我的首屆導師班學生已經上國中了。

就在單人旅行後二十幾天，我和幾個導師班孩子見面敘舊，說起這個故事。他們忙不迭應和說：「對耶！老師，你真的從沒打過我們。」

我聽了不禁莞爾，原來他們從沒想過我的非體罰政策，只是很自然的學習與生活。

接著，他們討論起被老師罵以及被打這兩種情況。

「那這兩種你們比較不喜歡哪種？」

我喜歡順著孩子的話引導思考，這是道兩難的題目。

他們搔搔頭，先說：「當然不喜歡被打。」

但是馬上有人接話：「可是如果被罵你們很差，感覺真的不好。」

這話得到了回應，另一個人說：「當然，這樣被罵好像自己真的很差。」

孩子的話突顯了就算不是體罰，言語上的責難如果失當，造成的比馬龍效應不容忽視。

我成長的那個年代，成績優秀者還是會因為少拿幾分被打，比如英文單字沒背熟，老師用小棍子打手臂的疼痛，我至今還是無法忘記。

我常想，為何我要因此而受罰？然後，再看著那些行為不良的同學，三天兩頭被叫去訓導處罰站，好像這人只有缺點，完全無優點可言。這般情景，對五六年級生來說可是家常便飯，但是，十幾年過後，我還要複製那樣的惡魔老師嗎？

不，我一點都不想。只是，要靠什麼「妙方」克制，才能保持優雅，不成為孩子眼中動輒發怒的老師呢？

老師先處理自己的情緒，並開始反思

對我來說，方法單一，就是回到情緒這個原點。

很多時候大人生氣或憤怒，不見得是孩子本身犯了多大的錯誤，而是老師自己本身情緒或回憶的投射。只要秉持「欲速則不達」，忍一下，讓暴風雨過去。靜心下來處理時，總會發現事情沒這麼嚴重。甚至一年後，這事情已經完全不復記憶了。既然一年後雲淡風輕，這時候何必大動肝火？

所以，在我身為老師的每個當下，尤其面對孩子的錯誤時，**我常想著：這是行為失準嗎？我要做的事情是不是品格教育？我有沒有因為孩子的成績或家庭背景，而影響我看這個行為的目光？**

如果將老師身分轉換成孩子

然後，當我思考該如何處理時，我常把自己轉換成孩子。反推，如果老師這麼對我，我的感覺會是如何？這麼一來一往思考後，所找到的溝通方式就比較可行了，更能預防跟孩子間可能產生的激烈衝突，因為都已經在腦海裡模擬過了呀！

孩子的成長是「不可逆」，也就是「不可能從頭再來一回」。老師也是人，也有情緒，在這個非「神格化」世代，不需要完美的教師，但也不代表著，老師可以在盛怒之下隨意動粗或傷害孩子自尊，然後再用說對不起來交代一切。

不完美的老師應該是更有同理心，更細微的當個孩童觀察者，知道他們需要什麼，然後給予並啟發，最後，師生一起找到前進的步驟。

要不要當個很兇的老師、爸爸或媽媽，其實都是可以選擇的。

陪伴與支持

送你一把鑰匙！

⊙大人可以這樣做

我製作了一支短片，用影像記錄了這班孩子稚嫩到成熟的模樣。另外我為每個孩子準備一個專屬的鑰匙圈，上頭鏤刻著504以及姓名，同時附上一張小卡，為這鑰匙賦予更多的意義。

離別，可否丈量？如果能夠數據化，那麼，到底基本單位是公分，還是光年？

在我的成長經驗裡，第一次意識到離別是街坊鄰居大姐姐舉家遷移，我叫她阿慧姐姐。我們一起在楊桃樹下等果落，一起在田埂裡奔跑，看著大孩子們在田野打棒球。雨天來了，池子滿水，我們在池邊看蝌蚪游來游去，忍不住偷偷把小腳丫放入水裡踩涼，一不小心，拖鞋竟然漂遠了。我們沿著池邊跑，還是追不回已經流向遠方的鞋影。

美好的記憶，順著唱盤幽幽吟唱，卻因她搬家戛然終止。那是生命裡第一次面對離別，是朋友之別。

想帶孩子們一起畢業

然後，我升上了國中，遇到了一位國文素養極高，講課不用課本，靠著一支粉筆帶領我們縱貫古今文學的好老師。我們跟隨她歡樂學習，滿心以為日子就是這樣過下去，卻在某天看著老師哭紅了雙眼走上講台。

她說，因為信仰與生涯規劃的關係，她必須離開了，她原本想要向師父祈求把我們帶到國三畢業再走，卻遭駁回。所以，台上台下師生淚溼衣襟。

那是我第一次瞭解，原來當你遇到一位景仰的師長時，你有多麼希望時光就此停留。

之後，我成為老師，第一次執教就在古時諸羅，現今嘉義。坦白說，受傳統教育的我，一路努力奮鬥到考上正式教職，這預定的人生路線算是平順，所以，二十三歲的我，年輕氣盛，雖然很難想像要在一個單位待到終老，卻也沒想過離開的可能。但是，第一年教學遇到的挫折和困惑，大大打擊了我的教學信心。

克服了一週二十四堂英語課的試煉，也度過了一次評量要批改七百份考卷的挑戰，但我卻覺得內心有個空虛的角落：那是專業成長的需求。

我想知道得更多，想瞭解自己這麼教有沒有理論可支持，想知道教室外的世界正在做什麼。

潛伏了四年，我終於決定報考研究所，這年恰巧是初為級任導師的一年。

報考時，我心裡的真正盤算是：橫豎是去賺取考試經驗，畢竟，華語文教學研究所錄取率如此低（註），我這個門外漢怎麼可能第一次就考上？因此，我默默投了報名表，偷偷請假去考試，面對這班孩子好奇地詢問：「老師！你去了哪裡？」我笑着用別的理由搪塞。

沒料到四月榜單公布，我幸運的榮列之上，只是，因為我報名的是一般生，所以，我勢必得留職停薪，而無法像一般教師進修那樣，白天工作，晚上念書，魚與熊掌兼得。

去？留？去，為了自己；留，為了孩子。去與留兩者間，我的心每天被翻過來，又碾過去。躊躇之間，看著班上孩子的笑容，我更是難以下定決心。留，不是為了可能失去的數十萬薪水，只是，想要帶著他們一起畢業。

最後，是電影《練習曲》那句經典語錄：「有些事情現在不做，一輩子都不會做了。」讓我痛下決心，只是接下來，如何開口道別離，才是艱難的任務。

必須找一個適當的時間點，親自告訴孩子這件事情，因為，我的國文老師也是這麼做的。

道別，一片淚海

對我來說，國二的我，雖然知道老師要走，內心難過至極，但我想過，如果老師什麼都沒說，就這樣消失，我一定更不能接受。現在角色轉換後，我想要正正當當的讓孩子知道：老師為何要走？何時要走？

所以，我挑了第三次定期成績評量之後的一天下午，全班去上科任課時，我挪動教室桌椅，空出講台前方大塊空地，讓全部的孩子可以圍坐在螢幕前方，然後，我在他們身後的資訊車操作整個畫面。

我製作了一支短片，用影像記錄了這班孩子稚嫩到成熟的模樣，他們看著照片中的自己哈哈大笑，歡樂的氣氛不斷蔓延。接著，音樂轉換成范瑋琪〈最初的夢想〉，字幕一排排往上捲，我將離去的訊息像黑夜裡的閃光燈，「啪」的一聲，打亮了滿室，刺痛了所有人的雙眼，字裡行間除了說明我必須離開的原因外，另也打上了我的期許：

我們班的女生非常貼心，總喜歡以小紙條傳遞想法，遇到事情時也會尋求正確途徑解決，未來，老師希望你們繼續保有這樣的心思，不要隨意自成小團體，記得，小團體的出現就是扼殺你認識別人的機會。

我們班的男生非常熱心，無論是班級或學校事務，總是勇往直前，未來，希望你們保有這樣的純真，繼續服務人群，讓世界更美好，記住，施比受更有福，懂得付出的人才值得他人尊敬。

很想看看你們升上六年級的模樣，想必是長高了、塊頭變大了，開始流傳著誰愛誰的曖昧，對於男女間的情愫，我抱持正面態度，能懂得欣賞他人優點是好事，只要不要超過界線或強迫他人，那麼，純純的愛戀並無妨。

六年級的功課壓力會比現在更大，記得念書和運動要同時進行，唯有強健的身體才是根本。

音樂聲未歇，一個孩子哭了，接著，連鎖反應啟動，圍坐在一起的他們，是一片淚海。

我看著當中，曾經讓我氣到咆哮，怒急攻心的幾個孩子，也全都淚眼汪汪時，這才明白，在離別之前，許多曾有的衝突或隔閡都會淡去，只要我們內心是真心喜歡彼此。

這班孩子對於離別的反彈力道實在太大了，遠比我想像來得難以接受，比如公佈此消息後隔幾天，我必須公出到其他學校參加一場研習，不過就是一個上午。

回到教室後，幾個孩子眼眶溼潤，嘟噥著問：「老師！你剛剛去哪裡？我們以為你走了。」

我愣了一秒鐘，下秒鐘才體悟到，也許對孩子來說，離別是個很抽象的概念，這或許就是生命中的第一次，真實的品嘗離別的滋味，就像國小以及國中的我。

人說為母則強，於我則是：為師則強。我快速收拾自己的情緒，開始動腦思考該如何帶著他們面對這道關卡，而不是說了就當一切結束。

集體創作，抒發別離感

所以，我籌劃了期末同樂會，讓他們彩繪黑板，透過集體創作，抒發內心壓力。

我清楚記得，他們除了在黑板上寫著：「貓老師！我們永遠記得您！」並用一曲〈童話〉演奏來道盡對我的感念。

於是，我掏出了準備已久的禮物，我相信用一個有象徵意義的實品，讓孩子在這趟離別之旅時，精神有所寄託，且覺得跟老師有著某種程度的聯繫。

我為每個孩子準備一個專屬的鑰匙圈，上頭鏤刻著504以及姓名，同時附上一張小卡，為這鑰匙賦予更多的意義：

送你一把鑰匙

用這鑰匙打開知識之門，一個涉獵廣泛的人，將不偏頗某一學科，才能懂得生活處處皆學問。

用這鑰匙打開開闊之門，一個敞開心胸的人，不管未來遇到哪位師長或同伴，尊重並欣賞，才能懂得人生處處皆朋友。

用這鑰匙打開未來之門，一個擁有夢想的人，哪管遭逢狂風巨浪，依舊抓緊手中的舵，即使內心有多苦，但因為堅守信念，最美的花朵將開在豔陽下。

離別，能否丈量？如果能夠數據化，我相信數字呈現的不是我們離得有多遠，而是，我們在互為師生的時光裡，彼此感受到的喜愛有多深。

註：我報考之時錄取率約百分之七。

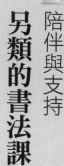

陪伴與支持
另類的書法課

⊙大人可以這樣做

我對著孩子們說明：「這不是罰寫，這是練習寫書法。不一樣的是，你們手拿鉛筆，而且，老師不要求你很快的把一篇課文寫完，我要你一筆一畫把字寫好。為什麼有人說練習寫書法可以修身養性呢？因為，當你想把字寫好時，你的心會變得很平靜，你的筆也會很沉穩。」

我，坐在教室裡等學生從自然教室回來。我，看著空蕩蕩的教室想著：當鐘響後勢必會傳來此起彼落的腳步聲，緊接著就是開心的嬉鬧聲，再加上走廊上三不五時的奔跑節奏，每天的下課交響曲，總是如此嘈雜。

幫情緒踩煞車的好方法

這是一堂再平常不過的下課，我在黑板寫下「拿出直行簿和國語課本」，即使寫完了，我還是沒想好等一等該怎麼處理。因為，今天沒發生衝突事件，唯一的不對勁就是學生的心浮躁了些，從中午午休到下午第一堂自然課，全班玩得很瘋，上課時心收不回來，偏偏今天的科任課非常多，學生在不同科目間轉換，很容易心思渙散，而這種看不見的心理狀態偏偏又是最容易引發糾紛。

眼前，雖然看起來一切太平，但是直覺告訴我，要幫全班踩煞車，只是要怎麼做呢？

噹噹噹！下課鐘響了，第一個女孩走進來，我說：「坐下來，拿出國語課本和直行簿。」她一臉狐疑的看著我，第二個、第三個走進來，大家都乖巧的入座，完全不知道老師葫蘆裡賣什麼藥。

終於，有人忍不住開口問：「老師！要做什麼？」

「等一下你就知道了。」

等所有人都進到教室時，外頭依舊人聲鼎沸。

終於，我開口了：「打開第七課，打開直行簿，先寫下課文名稱。請每個人把腰挺直，屁股只能坐三分之一的椅子，然後，開始寫課文。」每個學生正襟危坐，認分的寫字。

我緊接著說明：「這不是罰寫，這是練習寫書法。不一樣的是，你們手拿鉛筆，而且，老師不要求你很快的把一篇課文寫完，我要你一筆一畫把字寫好。為什麼有人說練習寫書法可以修身養性呢？因為，當你想把字寫好時，你的心會變得很平靜，你的筆也會很沉穩。」

說出這段話時，我的腦海浮現了小時候學書法的情形。坦白說，我的書法寫得並不出色，但是，書法老師提著筆管的專注模樣一直在我腦海裡。甚且，那個年代墨汁還不普及，每次習寫前一定要花好長的時間磨墨，練習後要拿著硯台和毛筆，走到陽台的洗手台清洗。大概學了三年多，我就決定停止書法課，畢竟比起作文，書法並沒有帶給我太多的成就感。

只是，我萬萬沒想到之後我會就讀師院，而就學期間上書法課時，意外的寫出文字的趣味。十年後，成為華語老師時，更慶幸自己有些書法基礎，能將這代表中華文化的藝術，透過教學與外國朋友分享。

安靜是一門功課

回頭看看眼前這群小孩，個個腰桿打直，連個氣都不敢吭一聲，只因為我說了：「要寫到什麼時候才能休息呢？老師會觀察你的表情和動作，看看你的心靜下來了沒有。」

這時候的教室安靜極了，也美麗極了，因為孩子全神貫注寫字的模樣，散發著一股光芒。

「請你想想，這幾天是不是排隊的速度變慢了？是不是很多事情要老師再三催促呢？因為，你心太浮動了。我希望你們能當一個下課玩得很瘋狂，上課馬上收心的小朋友。」

在寂靜的氣氛裡，循循善誘變得更有可能，脫去說教的外殼，我一字字說得很明白，孩子也聽得清楚。

很多時候，大人面對心浮氣躁的小大人，習慣用同一種模式教導，孩子的心也如堡壘般強硬，產生雙方溝通不良的情形。

其實，只要換個方式說話，孩子就能體會。尤其，對這些外表高壯，內心還長不大的高年級生來說更是如此，與其像個茶壺罵個不停，不如營造這種文風，透過意境傳達美學概念。

很難想像吧？當我一個個點名，請學生停筆休息時，孩子的背依舊挺直，甚至還有幾個寫到欲罷不能，而這也是為什麼我挑選國語課文的原因。希望孩子在寫字過程裡，反覆朗誦，讓整個人進入文章裡。

這是一堂另類的書法課，收到的靜心效果出奇好，連我自己都沉澱下來，坐在桌前寫下這篇文章。

陪伴與支持

送你一朵玫瑰花

⊙大人可以這樣做

我讓他們各自領回一朵玫瑰花，靜待所有人將花朵安插在瓶內，看著他們仔細呵護花朵。

我說：「老師送你們這朵玫瑰花，這是青春的禮物，恭喜你們進入青春期了。玫瑰花香氣迷人，就像你們；玫瑰花帶刺傷人，宛如你們；玫瑰花含苞待放，恰似你們，請記住這朵玫瑰花。」

猶記得召開班親會時，我向家長說明與孩子溝通的管道需要暢通，因為孩子馬上就要進入青春期了，如果不能有適當的情緒宣洩管道，很可能造成親子衝突。說話當下，我預定孩子進入青春期的時間是五年級下學期，但我不知道青春浪潮來得這麼快。

一開始，我先注意到幾個孩子臉龐不再光滑，取而代之的是斗大的青春痘。然後，某天掃地時間，一個女孩跑來向我告狀：「老師！某某人說我喜歡某某人。」

我看著那一臉的微笑，嘴裡雖說著：「好，我來處理。」但心裡就像拒絕孩子長大的父母，內心不斷想著「怎麼可能呢？他們還這麼年幼？」

只是，老師的職責驅策秉公處理，只得轉頭找來造謠者詢問。

他一臉無辜說：「我不知道啊！就是別人告訴我的。」

有趣的是，後來的我，就像吾家有女初長成的父母，偷偷利用課堂時間觀察這對「可能的男女朋友」，直到確認他們兩個交談時並無特殊舉動才稍微安心。

而後，學生彼此間的衝突變多了，大多是言語不合，或偶有小動作，細究原因多半是逞兇逞能。

有一個念頭慢慢在我心裡發酵：孩子長大了，而且以迅雷不及掩耳的速度，因為這樣，我知道自己必須加緊腳步，不能再輕忽「青春期」這個重要的議題。尤其，當我回頭看自己一路的成長，一路的迷惘，一路的跌撞，更覺得提早談青春期是有必要性的，只是該怎麼切入才好呢？

藉由文章，讓孩子瞭解自己的價值

沒想到，水到渠成的日子也來得很快。國語課文進入第九課〈山谷裡的百合花〉，文中提到山中百合不畏蜂蝶鳥雀及雜草的嘲笑阻難，堅持自己的價值，在懸崖間以秀挺的姿態，開出潔白的花朵，最後，這片谷地滿山遍野盡是百花香，許多人爭相來此賞花。

我透過這篇文章，讓孩子瞭解自己的價值，而後，為了配合寫作練習，我便將寫作和課文連結，讓學生以百合為題，做遠近觀察與記錄。

就是這樣的念頭，趁著一天早上天光好，我利用科任課時間，趕回住處拿來早已備好的黃金百合，原想要原車回學校。不知何故，當我看著那一株百合時，覺得好像少了些什麼，不知哪來的念頭，車頭一轉，我駛入市區花店。

玫瑰花！我要買玫瑰花！我要買玫瑰花送學生！距離上課時間愈來愈接近了，「要幾朵呢？」

「三十一朵。」

「什麼顏色呢？」

「紅色。」

「莖的部分，剪這樣夠嗎？」

「可以。」

我看著花店小姐幫我處理三十一朵玫瑰花，內心的焦慮感就要漫溢。

意外的一幕

抓著三十一朵紅玫瑰，快車奔回學校，踏入教室前，上課鐘響一分鐘了，我以為壞則是滿室的講話聲，好些就是學生個別看書，但是，事情出乎我意料之外。

我眼前的景象讓人迷眩：國語小科長山茉莉站在講台，手裡拿著課本，出聲要求所有同學念課文。然後「我要開花，是因為我知道自己的美麗，我要開花，是為了完成作為一株花的莊嚴使命，我要開花，是由於自己喜歡以花來證明自己的存在。不管有沒有人欣賞，不管你們怎麼看我，我都要開花。」朗讀聲從教室四面八方向我聚攏。陽光灑在我的背上、我的手上，以及我手中的玫瑰花。

我的眼淚打轉著，硬是不願流下來。

對孩子的青春祝福

待他們念到一段落，我請大家停止，然後站上講台說：「你們知道老師為什麼這麼晚進教室嗎？」

黃金百合顯眼的在我背後打招呼，學生搶答：「老師，你去買百合花。」

我點點頭，拿出金黃百合來放入花瓶內，就在大家忙著欣賞花姿時，我默默拋出第二個問題：「其實，老師幫你們準備了一個禮物，猜猜看是什麼東西？」

這時候，各式各樣的答案出籠，雖然始終沒正中紅心，可是，空氣中瀰漫著新奇的氣氛。終於，我等到了「玫瑰花」這個答案。

很難想像五年級小孩收到花的反應吧？就在我撕開報紙，露出紅色花瓣時，全班瞬間驚呼，那是看見美好事物最直接的反應，無分男女，每個人臉上都揚起笑容，好幾人忙不迭說：「老師！謝謝你！」

我讓他們各自領回一朵玫瑰花，靜待所有人將花朵安插在瓶內，看著他們仔細呵護花朵。

我說：「老師送你們這朵玫瑰花，這是青春的禮物，恭喜你們進入青春期了。玫瑰花香氣迷人，就像你們；玫瑰花帶刺傷人，宛如你們；玫瑰花含苞待放，恰似你們，請記住這朵玫瑰花。」

Part6

盡責

學習的樂趣除了自信的展現外，更需要「責任」這根梁柱支撐。偏偏責任感看似飄無虛幻，抓不住形體。

事實上，大人只要能夠識才適用，挖掘孩子的專長，讓他找到發揮的舞台，責任感的建立將事半功倍。只是，不要忘了在放手讓孩子嘗試的同時，隨時給予必要的思考引導，及不嫌多卻要就事論事的讚美。

盡責
我站在這裡，等待你走來

⊙大人可以這樣做

在感動滿懷的同時，我謹慎的回溯自己做了什麼。應該就是讓他發揮專長，透過正向參與經驗形塑品格。

這世界上的孩子，就如同一顆顆奇形怪狀的石頭，隨著潮浪拍打，受了一身溼，向右滾，向左疊，色澤變得愈來愈不同。

如果把好多顆石子揣在手裡，會發現手裡總不時傳來刺痛感，那是尖銳的角度所致，所以，自然把手掌攤開，多了些縫隙，舒服自在多了。

面對這麼多不同成長背景與個性的孩子，我常覺得就跟撿石子一樣，要多些空間與耐性。

為什麼你們班很少有罵人的聲音？

教學進入第七、八年，我對於孩子有更多的同理心，該鼓舞的我從不吝嗇，該放手的我也沒擔心過，因為，我隨時都做好風險管理，讓孩子盡情優游。

所以，曾有同事好奇地問我：「你好像從不生氣，很少聽你們班有罵人的聲音。」家長也給予相同的回饋，認為我的情緒管理能力佳，有助於孩子的心理發展。

但是，愈是這樣的太平狀態，愈代表我對於特殊孩子關注度更高。這裡提到的「特殊孩子」不是習以為常的特殊教育學生。我指的是「特別需要我引導的孩子」，Dream就是這樣的學生。

高年級各類社團活動不勝枚舉，尤其我又採鼓勵和半強迫態度，所以，幾個有心服務與學習的孩子，早早便報名，各自發展去了。

老師該有的雅量、目光與氣度

Dream擁有絕佳的體育專長，聽到學校招募籃球校隊，馬上說他要去參加甄選。然後，一如預期的，他通過了基本體能測驗，拿回了家長同意書。

這時候，我才知道他四年級時就通過，不過半途而廢。所以，我特別叮嚀他仔細考慮，確定後就不能再重蹈覆轍，造成校隊訓練的困擾。

一天後，他遞交了同意書，我也讓他定期去籃球校隊。雖然，在學理以及事例上有太多的正面教材告訴我們，運動有助於專注力的提升，且不會造成學業低落。但是，現存在教育現場裡，還是有很多傳統聲音，認為高年級去參加運動類團隊後，有些心性不定的孩子學會了成群結黨，重心都轉移到私人情愛或同儕上。

我當然對這樣的傳聞了然於心，但是，比起把Dream關在教室裡，只在班上的體育活動求表現，我倒寧可放他去飛翔，主因是如果這個孩子有這樣的專長，那麼，讓他接受專業的訓練，我覺得才是身為導師應該要有的雅量、目光與氣度。

只不過我也明白從事體育活動時，身心處於熱血沸騰的狀態下，如果沒有適度的規矩，很容易失去理性判斷。

表現優異的孩子，更需留意品格

Dream如我預料的，因為具備聰明才智，很快就在校隊裡嶄露頭角，甚至代表學校對外參賽，一切風光不在話下。

外在的掌聲不斷，但進到教室裡，他就是班上的一分子，沒有特殊光環，也沒有任何特權。我的淡然處之，激起一圈圈的漣漪。

早早進入青春期的他，開始學會在班上唱反調，常常說：「我不要做這個，這個很無聊。」對於打掃等分內工作，淨挑些喜愛的做，或利用小聰明躲閃公共責任。

他的學業表現倒是不俗，完全沒因為高年級的課業深度而落後，反而表現亮眼，這樣的現象足足印證了我對這個孩子的觀察——是個特殊的孩子，導引得好，將來成大器。導引不佳，可能製造出難以想像的事端。

所以，我把Dream抓得很緊，我確定**品行的涵養就是這個孩子成與敗的關鍵點**。因而，也許同樣犯錯的行為，我對其他孩子下手只有百分之七，但對於Dream往往是百分之九十以上。

比如，跟一群男孩在科任教室嬉鬧，打破了教室裡的儀器設備，幾個男孩屬於盲從型，我知道他們只是調皮，輕罵幾句就放過，但是，總是在眼神轉換間就能判斷情勢，並學會避重就輕的Dream，則會特別被我留下來一對一對話。

高年級的孩子，會讓人氣急攻心，說的就是Dream。他老是斜著眼，帶著叛逆的表情面對我，一副完全不服氣的樣子。我用盡各種方法跟他溝通，甚至言明了為何我要這麼對他，但是，Dream依舊故我，像一顆兀自滾動不停的石子，只想要到處衝撞。即便如此，我還是沒有剝奪他繼續參與校隊的機會。

很多時候，我對Dream總是採取規範性的說理和處罰，像是他不願幫忙同學或是做事偷工減料的時候，我從沒放過導正的機會，但是，我也明瞭這些削弱的作為只是表面性的教導。風一吹，什麼都留不下。

從文字裡看見孩子的內在

在這過程中，雖然常被Dream弄到滿肚子火，但「放棄」二字倒是未曾出現，我唯一思考的是，我要讓他在衝撞裡慢慢學會？還是出奇制勝？

幸好，遇到Dream的時候，我已經學會客觀且全面性的分析孩子的學習情況，所以，雖然他在品行部分逐步下滑，但我也同時看到他有語文方面的才能，有趣的是，他自己並不看重這件事情，比起絢麗外顯的體育長才，語文自是被擺到一旁。

時機來得正巧，一次校際間的作文比賽辦法公布，必須先完成校內徵稿才能取得代表權。

我半架著Dream寫作文，猶記得一開始他知道這件事情時，故我地說：「老師，我一定要寫嗎？」但是，真正下筆後，我看到了Dream的內心世界。

作文題目是〈我心中的英雄〉，Dream寫的不是體壇國手，而是警察，字裡行間盡是正義感，我清楚地感受到這個孩子裹著刺蝟般的外表，可內心極其柔軟，且關懷時事，不是冷漠以對，我心頭稍微鬆了一口氣。稿件送出後沒幾個月，我就離開這個班，離開這個讓我掛心的孩子。

故事，還沒結束呢！下學期開學後，有一次機會我跟這些孩子聚餐，在參與名單中沒看到Dream的名字，我內心有些失落。沒想到當天見面，Dream竟然出現了，他變得比較有書卷味，曾經剛硬叛逆的神情柔和了許多。

我不知道這中間發生什麼事情，但是，我很高興他有這樣的轉變。所以，我硬是把他單獨留下聊聊，問他是否一切安好，也再次說明我曾經如何擔心他。他回給我的是一臉的害羞，當時，我已經覺得非常滿足了。

沒料到更甜美的果實在後頭。聚餐後約一個月，Dream寫了一封信給我，讓我又再度體會到師生間最奇妙的相遇緣分。

「老師你在五年級時，叫我寫一篇作文，題目〈我心中的英雄〉。我已經被晉級了，並且在上星期六到高雄去比決賽了，謝謝老師那時幫我，我才能代表學校去比賽，謝謝

老師。」——Dream

「我聽同學說了這項好消息，恭喜你！相信這樣的經驗是很特別的，加油喲。」——貓老師

「謝謝老師！以前五年級時，是我的不禮貌和態度讓你很生氣，老師對不起。我希望老師以後還可以一起聚餐，但是大家都要在那裡留久一點，上次大家都早早就走，而且老師你還有事，所以……老師你知道的。」——Dream

最後，我用這段話為兩人的信件作結，「這幾天想起你這封信，內心很溫暖。我從沒想過你會在六年級的時候，體會並重新詮釋過去我們師生相處的點滴。當然，每一個當老師的人，覺得最開心的事情，就是學生理解老師的苦心。謝謝你給我這麼溫暖的回饋，讓我覺得當老師很幸福。下次再一起吃飯吧！」

我站在路的這一頭，**用方法與空間等待Dream**，想不到，他比預期的更快走來。

在感動滿懷的同時，我謹慎的回溯自己做了什麼。應該就是讓他發揮專長，透過正

向參與經驗形塑品格，說來不是大道理，但是，對我來說，最大的克服點是「目光不偏不倚」。就是在那段被他惹怒多回的時光裡，我極力要求自己要站在一個公平的基準點上，讓Dream得以飛翔。

如果再早個幾年，也許我沒有這樣的視野，可能因為Dream的反叛行為，早早把他打入冷宮，這個孩子之後又會發生什麼事情呢？我不知道，慶幸的是，我把持住了，並提早盼到美夢成真。

盡責

老師說，我很棒

⊙大人可以這樣做

「但是，你不一樣，你是第一個肯定里幸的老師，你會稱讚他的表現，你知道嗎？他每次只要被你稱讚，一坐上摩托車就開始說著，我們老師今天說我表現很好。」里幸的媽媽對我說。

我正埋首在辦公桌整理一箱箱文件和教具，里幸晃呀晃地走到我身邊，問：「老師！你在做什麼？」我隨手把一本空白剪貼簿遞給他，他開心地收下，開始興奮地說著哪個同學曾拿走他的剪貼簿。

十歲的孩子就是這樣，一點小禮物，足以讓他手舞足蹈。聽他歡愉的說笑聲，我忍不住停下手邊的動作，抬頭看了看他，恰巧眼角瞄到後門出現了一個家長身影，定眼確認恰是里幸的媽媽。迎向前去，她手腕掛著里幸的餐袋，語帶歉意的告訴我：「今天他忘了帶餐袋來……」

我笑了笑，她停頓了一下說：「老師！聽說你沒辦法繼續帶到六年級。我實在很捨不得，好不容易遇到這麼好的老師。」

什麼都沒回答，我只是拍了拍里幸媽媽的手臂，然後暗自深呼吸好幾口氣，力求保持鎮定。

追溯孩子學習不夠積極的原因

自從確定要前去進修後，班上孩子全沉浸在離別氣氛裡。讓情感向來豐沛的我，好幾度淚水就要衝出閘門氾濫成災，總是一再隱忍。

可眼前站著的是家長呢！再怎麼樣，還是得維持大人的禮貌，所以，平穩心緒後，我試圖用笑容化開里幸媽媽的不捨，說著：「里幸是個有潛力的小孩子，只要他願意，就可以有很好的表現，但他最大的難關就是……」

「懶散！」媽媽自然接口，語帶無奈地看著在教室走廊跑來跑去的里幸。

當下我不知道為何，突然想要追溯里幸為何學習不夠積極的原因，所以拋出了一道問題：「以前，里幸曾有挫敗的學習經驗嗎？」自此，我墜落一個奇幻、甜蜜又帶點苦味的故事裡。

「老師，你問我他以前的學習狀況，就從幼稚園說好了，那個老師很嚴格，一開始我們傻傻的，搞不清楚狀況，只是覺得老師常不給里幸機會，跳舞或表演的機會全都給其他孩子。後來，我們幾個外配（註）家長湊在一起，才知道其他爸爸媽媽都塞東西給老師，也才知道我們都是外配。」里幸媽媽說這段往事的表情藏著千萬思緒。

「進來這所學校後，低年級的老師很好，可是，那時候老師因為懷孕的關係，所以，經常請代課，也就沒辦法給里幸太多的照顧。」

「對！我知道那位老師很優秀。有一次經過她的班級，里幸跟老師打招呼時，老師還很熱情的回應呢！」

因里幸媽媽的回憶，我想起五上里幸有一段時間常在班上鬧脾氣，對照跟低年級老師打招呼時的熱情模樣，可謂截然不同。當時，我對此感到不解，如今謎底倒是解開了。

一句尋常的讚美，力量卻非常大

「不過，里幸的中年級老師就……非常嚴厲。你沒辦法想像，他的聯絡簿每隔兩天，最多不超過三天，就會被寫很不乖。一開始，我們做家長的一定認為自己孩子不乖，但這樣天天被寫聯絡簿後，就開始想到底是哪一邊的問題。老師，但是，你不一樣，你是第一個肯定里幸的老師，你會稱讚他的表現，你知道嗎？他每次只要被你稱讚，一坐上摩托車就開始說著，我們老師今天說我表現很好。」

我忍不住想像，里幸背着書包，奔向媽媽，吱吱喳喳像麻雀般轉述學校故事的可愛模樣。只是，我也從沒想過自己很自然的一句：「你表現得很好。」竟可帶給一個孩子、一個家庭如此甜美的氣氛。原來，讚美是流動的水，會這樣點點滴滴從教室匯流到家庭，澆灌著心田。

她繼續說著：「回想他讀中年級時，我跟爸爸兩個人都很痛苦，因為，除了被寫聯絡簿外，老師有一次還因為他功課忘了帶，而把他叫去辦公室外站著。爸爸知道後很生氣，本來想向學校反映，但我們做家長的，好像不能怎樣。」

我幾度微張嘴巴又快速闔上，因為我不知道這樣的故事就在我的身邊如實上演。應該說，我不知道里幸帶著這樣的傷痕成為我的學生。在他一貫開朗的笑容背後，隱隱背負着跨國移民子女的標籤化，以及里幸父母面對強權的學校制度，無力伸張的酸澀感。

「所以，現在里幸知道你要離開後，每天掛在嘴邊的話就是，我不奢求六年級老師跟貓老師一樣好，只要不要那麼兇就好了。」

故事到此一段落，我用眼神跟里幸媽媽交會好幾次，然後輕聲說著：「我懂！」

一直把孩子放在心裡

我相信，真誠的理解與同理，是里幸媽媽當下最需要的關懷。然後，我們一起試圖剝除過往的苦味，把更多的甘甜放進生活裡，我認為這是更積極的作為。

所以，我想為里幸和媽媽灌入更多的正面能量，讓他們相信一切都會好轉。因而我技巧的把話題轉到里幸對任何事情有興趣，但是持續力總是不足這項學習特點。

此時，里幸正好往走廊末端跑去，陽光把他的身影拉得好長。我很堅定的說：「媽媽，我們要相信：里幸是個各方面都有潛力的孩子，就讓我們等他長大，我相信他必定會度過這段時間。未來，如果你或里幸覺得真有需求，不要猶豫，請打電話給我。」

確實，我始終秉信著「一日為師，終身為父」這箴言。親師生的緣分緣起不滅，我會一直把孩子放在心裡，並願持續地給予關懷和接納。

送走里幸媽媽，我回頭整理原本未完成的工作，禁不住想著：真慶幸上天牽起了我與這個跨國家庭的緣分，讓我在這一年的日子裡，確認**具體的讚揚孩子的能力，就是一種「公平」的引導學習**。

簡單來說，不管是台灣的子女，或跨國子女，只要在這座學習園地裡，每個人都不該因為國籍、種族、性別或家庭經濟狀況而有所提升或貶抑。

只要為師者願意相信每個孩子都是不同的個體，讓每個孩子都受到關注，那麼他就能更穩健的發展。我覺得，這就是教育的公平性。

註：本文所指外配，為因婚姻而來台定居的婦女，也稱作新移民。雖然我認為「移民」一詞更能中性的表達移動的概念，但忠於家長的用詞，謹此說明。

盡責

有些事現在不做，一輩子都不會做了

⊙大人可以這樣做

一天傍晚，我再度接到她的電話：「老師！我跟你說喲！我參加演講比賽第三名。」

原來，她捨棄了有絕對優勢的作文，改為爭取參加演講項目，這麼做只因為我曾對全班說過：「行動需要及時，即便要捨棄安全領域，也應該勇於嘗試。」

我跟Judy，如古時拜師學藝，一對一，師徒制，傾囊相授。在學習這門派裡，相互支援與提攜。

二〇一二年暑假，我在嘉義的最後一項學校事務，擔任科學168關主，因為這是全市性活動，民眾熱情參與。所以，學校事先找了些畢業生來做服務學習，只是，我沒想到名單上出現了Judy，服務的時間與我同一天。我什麼也沒問，我知道，這個已經上了高中的小女孩將回到我身邊。

一位老師何德何能，能在學生畢業後，師徒兩人共同工作？我滿心期盼，可以利用這幸福的一天，跟Judy好好話家常，卻沒想到被永遠不見底的排隊人潮阻隔了，只能不斷埋首在工作裡。

突然，Judy愛嬌的發問聲響起：「老師！挨家挨戶的挨是這個字嗎？（唉）？」在那個小小空間內，雖然還有其他兩、三位老師，但我知道這聲呼喚是對著我而來的。

「不是！」二字出口時，我覺得時光已經倒轉至二〇〇七年。那年，我們初為互信互賴的師生。

默契十足的師生關係

那年，我們也是這樣，如同兩人三腳，一個是充滿教學熱情的老師，一個是充分信任老師的班長。我所打造的「貓王國」裡，Judy一直是個盡忠職守的宰相。記得九月份剛開學，我還在熟悉如何當一位級任老師。已經當了好幾任班長的她，五年級再度蟬聯班長時，維持一貫的謹慎做事態度。

全班要上科任課時，不待我下指令，她已經把全班帶到走廊整隊，只需我確認就可帶走。或是，各處室廣播聲響起，她必定仔細聆聽，然後告訴我：「老師！那我先去集合，等一下請副班長整隊。」

這類貼心又負責的舉動，讓我可以毫無後顧之憂的專注在教學工作，而不需要花費太多心思處理小細節，因為Judy就是我的後盾。然後，時間來到教師節，學校特意私下集合各班班長，請他們回教室安排敬師活動。

那天早自修，我正在教室內準備清點作業時，Judy請人搬了一把椅子放在講台中，然後說：「老師！請坐。」接著，她就像位熟練的主持人，安排了正經的小提琴表演，再來一段男生扭屁股舞，最後，全班獻唱並送花。

短短十來分鐘的敬師活動裡，我笑得燦爛。全班跟著Judy的指令，投入且認真。那情那景，讓我確認當一位老師，是一件多麼幸福的事情。

迅速轉換挫敗，成為輔選大將

Judy除了擁有領導力外，對於自己的課業總是要求甚高，不只能夠安排好讀書時間，對於學問更是精益求精。只要有疑問的地方，一定會發問以釐清，種種特質都讓我覺得她擁有「自治小市長候選人」資格。

沒想到，班上進行初選時，她落敗了。只是，很有大將之風的她，當場坦然且堅強的面對這個結果，可我讀到了她眼底的憂傷。

那天下課後，我跟Judy媽媽通話討論這件事情，一致認為孩子擁有這樣的挫敗經驗不見得是壞事，我們要做的就是相信她、支持她。一夜之後，她從泥地裡站起來，以大氣轉換失敗，成為那場競選最主力的輔選大將。

從此，我覺得她邁入了另一個階段，對於完美與失敗有了真實的體悟，也能夠更坦蕩的嘗試各種可能性。

一位老師所能帶給孩子的身教

Judy在學習上追隨著我，有部分的原因是她擅長的作文，正是我的專長，因為這樣，她的求知若渴有了諮詢的管道。也因著她的努力，順利取得六年級代表學校參加全市語文競賽的資格，只是，當她完成比賽時，我已經離開國小，留職停薪前往高雄進修。

但我跟Judy始終沒斷了聯絡，比賽完後她打電話給我，告訴我寫了什麼。果真，她在全市競賽有了佳績，但真正讓我感動到無以復加的是一年後，她上了國中，做了一個很棒的決定。

那天傍晚，我再度接到她的電話：「老師！我跟你說喲！我參加演講比賽第三名。」

原來，她捨棄了有絕對優勢的作文，改為爭取參加演講項目，這麼做只因為我曾對全班說過，當我在研究所進修與帶完班級兩者間產生掙扎時，「有些事情現在不做，一輩子都不會做了。」這段話讓我知道，行動需要及時，即便要捨棄安全領域，也應該勇於嘗試。

只是，我不知道Judy悄悄的把這當作楷模。所以，一個十三歲的小女孩，因為相信老師的身教，懷抱勇氣與志向，投入不擅長的演講裡，成功獲得回報。

就在那對話裡，我很確定**教育的美好價值就在於此，一位老師所能帶來的深遠影響，永遠不是表面數據，或當下的任何片段畫面可以倉促下結論**。

時間拉回二〇一二年科學168活動，就在我準備提早離開時，Judy急忙的站起來說要送我禮物。然後，一如五年前我要離開那樣，她眼底盈滿淚水，再度跟我擁抱。這一抱，連我都忍不住哽咽了。

讓自己站立得更穩的兩句話

當天搭乘高鐵時，展讀她寫給我的信，裡頭有一段話模糊我的雙眼，「如果我在作文上有一些成就，那都是因為您的關係。」

是誰說過，踏上講台十年，你才能說自己是老師？這些年在教與學的路途上，雖總是堅持自己的意念，但一舉一動，一言一行，總有不盡完美之處，也是因為這樣，經常反問自己：忝為人師，是否展現了引領與啟發的風範？

內心深處的我，其實壓根兒不敢想像，在教學未滿十年之前，自己能真正帶給學生什麼，只敢迎風時微笑，逆風際昂首，經常鼓舞自己。然而，與Judy這段奇妙情緣，讓我對自己的教學專業發展更為確認。

我確定，未來當我在教學上徬徨失措時，只要想起這兩句話，我就會站立得更穩固。

盡責

停權底下的尊榮

⊙大人可以這樣做

比起縮減下課時間，或是要求罰站。我剝奪的東西看起來很抽象，但輻射範圍廣大。因為，我拿走他最驕傲的東西。

好幾次，我幾乎心軟，想要提早結束這段停權，但是，阻擋我的是，兩個男孩在逆境中蛻變，變得內斂許多。

十一月二十九日，星期一。事隔一個月了，學生還記得嗎？

當我手不停的批改作業時，Kenny走了過來。他問：「老師！一個月到期了，你上次說廁所組長停權的工作時間到期了。」

我抬頭看著他，心裡的喜悅像棉花糖那樣膨脹，但表面裝得很鎮定問：「我記得這件事情。那麼，你覺得自己改進了嗎？」

Kenny一開始反射性地搖頭，表示不知道。我又問了第二次，他點點頭。

我說：「我也覺得你進步了，但老師想問你，還記得一個月前為什麼被停權嗎？」他的表情帶點嚴肅，開始說著那次事件。

拿走孩子最驕傲的東西

一個週三上午閱讀課，我抽空十分鐘到圖書館，全班在教室進行分組活動，十分鐘過後，我走入教室，只看到Lily抱著額頭哭泣，旁邊同學有的無所適從，有的憂慮地看著我。

細細詢問，發現起因是地球儀。一開始，兩個同學自行取下櫃子上頭的地球儀，想要找找曼谷的所在地，接著，孩子的好玩心被勾起。爭相拿取地球儀的過程中，互相打鬧嬉戲，最後，先是Kenny拿著地球儀支架，當作玩具勒住Smart的脖子，然後，地球儀落入Lily和Fred手中，Fred把充氣地球儀當作氣球丟了過去，不巧砸到Lily的額頭，就這麼，她哭了。

確認整起事件經過後，我請Fred向Lily道歉後，便先讓他們倆回座，留下了Kenny和Smart。

此時，站在我眼前的兩個男孩，一個是風紀兼廁所組長，一個是資訊科長。他們兩個都樂於服務人群，也從擔任幹部中得到許多成就感。只是他們也具備高年級男孩普遍的特質，容易嬉笑及意氣用事。

面對兩位具有潛力的幹部，我反問自己，如果只是輕描淡寫的規勸，是否能達到教導的效果？看著他們稚氣又帶著成熟的臉龐，我暗暗下了一個決定。

我緩緩地說：「你們兩個，一個是風紀，一個是資訊科長。過去兩個月來，你們對班上的付出，大家有目共睹，老師謝謝你們的努力。但是，當你們握有更多權力時，應該要瞭解你也須擔起更多責任。這次，老師看到的是你們不僅沒認清什麼時候，該做什麼事情，同時，更沒有拿出幹部該有的態度。所以，我決定停止你們的職權。即日起你們所負責的資訊和廁所管理事務，由其他人代理一個月。停權的這個月，就當作觀察期，一個月後，我再決定是否讓你們復權。」

話說完，兩個男孩後方的全班身影，像一幅蒙上灰色的天空畫，瀰漫著濃厚的低氣壓，當事者及所有人均震懾於這樣的處置。

比起縮減下課時間，或是要求罰站。我剝奪的東西看起來很抽象，但輻射範圍廣大。因為，我拿走他最驕傲的東西。

希望能讓孩子學會的

為了徹底執行，我不但設立了代理制度，同時簽寫聯絡簿，通知家長。

在這個月內，他們兩人雖然默默退居二線，但是一個藏不住天生的領導能力，一個則是掩蓋不了出色的資訊素養。

好幾次，我幾乎心軟，想要提早結束這段停權，但是，阻擋我的是，兩個男孩在逆境中蛻變，變得內斂許多。同時，也因為代理制度建立，我意外挖掘了另外兩個人才，這實在是意料之外的收穫。

當時，我在自己的手札內寫下：

失意時，才能更看清楚自己，未來得意時，也才會更懂得謙卑。停權，對這兩個男孩看似打擊甚大，但挺過了這一關，其尊嚴所激發的能量才會更驚人。我期待，一個月後。

一個月後，Kenny和Smart謹記這個關鍵時間點，詢問我可否復職。我的喜悅滿漲，當他們知道自己立馬復職後，掩不住喜悅的說：「謝謝老師！」轉過頭去，藏不住笑意的神色，都讓我有著吾家男孩初長成的驕傲。

這一個月的等待，無價！

盡責

微笑在路口

⊙大人可以這樣做

生活力的涵養不分貴賤，我除了在精神層面上，讓孩子知道每個人都是班級重要的一分子，都有能力試著讓這個空間更美好外；實務推行上，則常利用各種大大小小的機會，在全班面前示範和講解共同做事技巧。

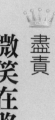

讓孩子以後面對類似的困難時，不是坐著等待答案，而能試著解決。

週一傍晚的台北街頭，我正在十字路口張望，不斷透過手機所呈現的導航路線，來確認當下的方位。只因，與朋友相約六點，剛剛走錯了路口，如今再度折回，現在只剩下十分鐘左右，看來得加速腳程了。

價值連城的電話

此時，電話鈴響，相思豆打來：「老師！我是相思豆，這個週末的聚餐，微笑魚和桔子花不能參加了。」

「好，沒關係。」

「微笑魚說她會打給你。」

「好！」

「老師，謝謝！」

在這短短幾十秒的對話裡，因為我心裡不住盤旋著就要遲到的念頭，所以，當下全是自動式的反應，並確實把新訊息儲存在腦海裡，可也沒有太多的細想。

時隔零點零五秒，當我還想著：「微笑魚和桔子花不能參加，那我得趕快去更改訂位了。」

電話鈴聲緊接著想起：「喂！老師，我是微笑魚。」

「嗯，怎麼了？」

「老師！我這星期有事情，不能參加聚餐了。」

「沒關係。以後還有機會。」

「謝謝老師！」

電話掛了，我卻突然在這個街口清醒過來，胸口暖呼呼的，似乎遲了一兩分鐘也無所謂，因為，這兩通電話讓我覺得價值連城。

一個是相思豆，那個面對數學強敵，卻從不減學習熱情的女孩。另一個是微笑魚，這個總是帶著傻大姐笑容的女孩，與相思豆一樣喜歡參與公共服務。

讓我把時間往回撥吧！約是暑假，跟幾個孩子利用電子信件和社群網站聯繫時。一次，孩子問：「老師！您什麼時候回嘉義？」

我看了自己的行程表答：「十月。」因為知道她們想找我說說話，所以，我自然提議：「那等老師那週回嘉義，我們一起來吃頓飯。」

當我這麼說時，心中浮現的畫面是五六個女孩跟我同坐一桌，大家天南地北的聊天。當然，我也從沒排斥過邀約其他孩子，只是，我自以為是的評估，畢竟才跟他們分離一個多月，這樣的時間差不至於可吸引到太多孩子赴約。

事實證明，我錯了。消息一散播出去，孩子口耳相傳，甚至連家長都致電問我是否有此事，要帶著孩子共同出席。最後，相思豆在九月底回報出席人數有二十八人。也就是說，九成五以上的孩子都會參加這場假日約會。

時時示範給孩子看，做事的方式

在這一來一往的聯繫過程中，我很訝異地發現，竟然是相思豆自動擔負此責。她在這一頭，使用電話或社群網站線上，跟我隨時更新聚會細節。另一頭在班上一一確認出席意願，然後，把可以出席的人員名冊列給我。

如果看過「小小廚神」節目，那麼，我們必定會為小小孩竟能精準無誤地將食材料理成美味的菜餚，感到不可思議，隨時都想要起立鼓掌。事實上，料理的過程中，除了需要五感外，也需對於食材的智性認知與感性嘗試，才會創造出嶄新的味道。

而我，認為孩子的做事正如小小廚神，面對滿桌各式調味瓶，以及時間的壓力，必須定心，然後才能行動。也就是說，相思豆必須全盤瞭解如何做好雙向聯繫工作，接收我的指令後，安排自己的行動，然後去執行，初步回收成果，再轉換成電子形式告知我，並確認是否需要更新或改變行動。

這流程裡飽含濃烈的生活與溝通能力。我很驚訝相思豆做得如此有條理。

仔細回想，她其實是整合了過去我在班上不斷傳達的做事要領與態度。如今水到渠成，彙整成一項屬於她的完整能力。

於我而言，生活力的涵養不分貴賤，卻有意願、先後和策略。所以，我除了在精神層面上，讓孩子知道每個人都是班級重要的一分子，都有能力試著讓這個空間更美好外；實務推行上，則常利用各種大大小小的機會，在全班面前示範和講解共同做事技巧。

邀請孩子思考，如何解決

有一回，那是剛開學一個月後的某天早上，我結束了晨會會議，回到教室，準備確認所有的作業。這時，卻發現三項該收的作業，零零散散堆落在臨窗櫃上。任何有經驗的老師，一眼就能看出並未收齊。

第一秒鐘，我閃過多數老師的共同反應：已經是高年級的孩子，怎麼還不知道如何收齊作業呢？只是，第二秒鐘，我就意識到，那就代表他們不知道怎麼收作業，這是一個該教的「亮點」。

因此，我請全班停下手邊的事情，專心地看著我。比起花時間先責備一頓，我更想瞭解事情的原因，所以，我先讓全班知道如果不能在早自修時間收齊作業，對於這一整天上課和批改作業將會產生哪些連帶影響。

接著，我把思考權拋回去，問他們為什麼沒辦法在四十分鐘內做好這件事情。各組組長這時候就有了解釋的空間，他們說有些練習團隊的同學，並沒有先交作業再去團隊，所以，他們先把已經收齊的放在手邊，要等團隊的同學繳交後再一併送件。

當我聽到這樣的理由時，心裡湧上的想法是：幸好我並沒有大發雷霆，否則就失去了跟孩子好好溝通的機會。然後，我導入了「問題解決」的層面。我要求所有人共同思考：面對這樣的情形，我們有什麼方法可以解決？

果然，各式各樣的建議出籠了。我常覺得孩子是天生的挑戰家，只要老師當Mission Impossible裡頭的上司，把教室情境設計成任務，孩子莫不歡欣接受，並拔足飛奔。

培養孩子解決問題的能力

而在這過程裡，所有孩子都能盡情參與，相互激辯。我做的事情是聆聽，並在最後幫他們總結。甚至，我會說：「你們其實已經都想出最好的方法了，有沒有人可以說一次？」

這樣的生活能力引導所花費的時間不過七八分鐘，卻能一次到位，讓我無後顧之憂。讓孩子以後面對類似的困難時，不是坐著等待答案，而能試著解決。

除了可討論、可商量、可創造的特性外，我還特別訓練全部孩子回報進度的習慣。這點算是同事的教學小祕方，在我前兩年擔任閱讀專任教師時，負責圖書小志工訓練，經常派遣孩子去分送文件。當中，米娜班級的孩子，無論我派她去多遠的地方，她完成後，一定會來敲我的辦公室大門，告訴我已經做完了。

有時候，她匆匆趕來又急忙回教室，就是為了回報這件事情。相較之下，其他孩子的處理方式是，完成任務後先回教室。

負責，就隱身在細節裡

當中的差別在於，如果孩子直接回教室，那麼，我就只能樂觀預測也許已經完成了。實際如何，卻無法判知。後來，我跟米娜聊了聊，才知道這是她的特訓要領，決定見賢思齊，有樣學樣，要求全部的圖書小志工都要這麼做。

而今，回鍋班級導師，我更是嚴格的要求，就算孩子是受科任老師之託亦然。有一回，我請微笑魚到教務處繳交比賽報名表。過沒三分鐘，她衝回教室告訴我：「老師！主任請我把這些資料送給一年級老師，所以，我會晚幾分鐘進來。老師，可以嗎？」

我笑着點頭並叮嚀：「記得要跟主任回報做完的進度喲！」微笑魚點點頭又出門了。

相信嗎？孩子從三樓教室到一樓處室，再回三樓教室，再到隔棟一年級教室，再回處室稟報進度，再回到原班教室，這段路程並不長。可我寧願讓她養成負責到底的習慣，接受她晚一點進教室聽課，以確保安全和執行的完整度。

我相信，就是因為**在如常的教室裡，這麼一點一滴地引領和示範**，相思豆和微笑魚吸收了，也做到了。

離開他們一個多月後，我在台北向晚街頭，聽到兩個女娃從南方捎來的訊息，內心寬慰無比。心想，果然，教育難立竿見影，而我能如此快速看到她們的成長，實在是上天的恩賜。

盡責
一件好事，換你一張照片

⊙大人可以這樣做

我挑選照片，先是從眾多資料夾裡挑出值得沖洗的，然後，設置了每個孩子的資料夾，再逐一將待沖洗照片檔丟入。這麼做的原因是，我要每個孩子都能拿到兩三張以上的照片。

我的小學生涯，因為阿姨和舅舅都在學校任教的關係，所以，從一年級起，我就能感受到自己身上背負著「明星光環」。即便我想要脫去，也無可奈何。所以，我能做的事情就是低調，以及不恃寵而驕。至於大人們是否對我另眼相待，這完全超過一個小孩子能力所及。

中年級階段吧，有一回期末，老師喚了幾名成績優異的學生前去，我也是其一。她的桌面上擺了好幾組小巧可愛的髮夾。看得出來是同一種風格，只是顏色各異。她說：「你們一人挑一個吧！」就在全班面前，我們被設定為「好學生」，所以可以擁有老師額外的「獎賞」。我內心對於老師的做法相當不苟同，卻又沒辦法拒絕，只好面無表情地接受。類似情事總是一而再，再而三上演。六年校園生活裡，我就這樣度過。

一律平等，不對孩子貼標籤

及至為人師，我潛意識裡希望自己擺脫過去的老師樣貌。真正尊重每個孩子，不因他的家世、學業或過去而貼上莫須有的標籤。

一開始，我並沒有意識自己是如此貫徹，直到同事轉述花木馬跟爸爸的對話，我才發現自己不知不覺走出了一條不同的道路來。

花木馬是個各項表現均優的男孩，尤其在數理方面，更是早早顯露其專長。當然，他在中低年級時，就是個受老師喜愛的孩子。所以，一升上五年級，家長當然也關切花木馬是否適應新老師。

這天，爸爸問：「你們老師喜歡你嗎？」

「我不知道。」

「那你們老師喜歡誰呢？」

「我不知道。」

「你們老師討厭誰？」

「我不知道，**因為老師對每個人都一樣**。」

我很驚訝孩子如此敏銳且精確的描繪老師對全班的態度。簡單的話語，完全切中核心。在那之後，我更是隨時提醒自己莫忘初衷，矢志成為這樣的老師。

公平背後的用意

五月底到來，確定要調職離校後。我想起好幾個孩子，曾經三不五時嘟噥：「老師！媽媽想看我的表演照片。」或「老師可以寄照片給我嗎？」那些溫暖的話語一直在我心裡。只是，我常在忙碌中再三延後這樣的事情。

可這回再也不能拖延，我開始挑選照片，先是從眾多資料夾裡挑出值得沖洗的。然後，設置了每個孩子的資料夾，再逐一將待沖洗照片檔丟入。這麼做的原因是，我要每個孩子都能拿到兩三張以上的照片。一個班級內，總有活躍和安靜的孩子。拍活動照片時，有的孩子不愛入照，或總愛站在邊緣。

我不忍，當發下照片時，有些孩子拿到太少照片，而產生微微失落感。所以，那個晚上，我瞪著痠澀的眼睛，不斷來回檢查資料夾，務必求到平衡。兩天後，終於從相館拿回一疊厚厚的照片。

激發孩子的挑戰欲望

正準備開心的發下時，玩心突起，我說：「老師這裡有你們的照片。我不想跟你們收錢，但你們也不能憑空獲得，所以，請你做好事，用好事來換照片。」

孩子並不覺得失望，反而激發了挑戰欲望，他們問：「老師！好事是什麼？」

「好事一點都不難，每個人只要做自己能力範圍內的事情就可以，但不包含本來的工作，比如幫忙別人掃地，或是閱讀一本書，或是去運動都可以，這些都是好事，但要從現在開始做的好事才可以喲！那麼，我不再提示，你做完後來跟我兌換照片吧！」

話語甫停，四個男生馬上衝到講台，一人拿著一個板擦，把黑板上「少得可憐」的字擦掉，再用閃亮亮的眼睛對著我說：「老師！我做完好事了。」

想當然耳，我也跟他們一起玩，笑着拒絕說：「你們四人的照片太多了，沒這麼簡單，再去多做幾樣好事吧！」

那個下午，孩子像小蜜蜂般飛來飛去，自動整理報紙的，自動幫忙丟垃圾的，自動幫忙登記刷牙的，大家都為了「好事」忙得團團轉。

領到照片時眉開眼笑，湊著頭細說照片的故事，那喜悅是付出後的純然享受。

我環視全班，每個人都如我所願的，歡喜接受這樣的任務與禮物，真的，一切平等。

Part7

閱讀與寫作

閱讀，不等於教科書頗析。寫作，不等於作文考試。那些不過都是評量的方式之一。如因此讓孩子侷限在框架裡，實在是抹滅其創作的天賦。

要激發孩子對於讀寫的興趣，倒也不難，只要人人願意花時間陪伴與討論，花心力設計一些簡單的延伸活動。孩子就如同拿到釣竿，他可以坐在岸邊終日不厭倦，因為腳底下可是花花世界。

閱讀與寫作

我坐在這裡，寫一張明信片

⊙大人可以這樣做

學生掩不住興奮，睜著發亮的眼睛說：「老師！你去的那家咖啡店真的有貓嗎？」一句句反映了他們的熱切，這是身為老師的主動示範。

因為，我也在寒假前要求每個孩子寄一張明信片給我。真實性的教材，往往能讓學習更為深化。

靜靜坐在高雄的一家咖啡館裡，中午的陽光溫暖宜人。我拿出在雲林故事館購買的明信片，動筆寫下給孩子的話。

老師寫給孩子的明信片

這張明信片的意義在於，那是孩子透過平日表現所換取的集點獎品。當孩子蒐集滿五十個獎章時，他們擁有三項選擇：國語作業減少、午休時間到圖書館閱讀，以及一張來自老師的旅遊明信片。

閱讀果然得到眾多青睞，畢竟能夠在午休時間做與眾不同的休閒，何其有趣！我原本擔心明信片與其他兩項獎勵相比，顯得過於「輕薄」，孩子可能不感興趣。沒料到，好幾個孩子期末時不約而同湊過來，說：「老師！我要換一張明信片。」就這樣，統計後，總共有八張需要寄出。然後，我慎重其事的請孩子將收件地址給我，並叮嚀自己不能忘記此事。

不同於期末領取的正式成績單，孩子不需要一再被評斷。我希望這張明信片可以讓小朋友享受驚奇。所以，我一直在等最棒的時間，想像當他們收到這張旅遊信箋時，如同打開一扇窗：看到旅行的風景，聞嗅旅行的味道，以及閱讀旅行的想法，然後，以後他們也會愛上閒晃與體驗，成為一個生活家。

該寫什麼呢？摒除常見的師長期勉，我以分享的心情，用輕鬆的筆調書寫寒假在中南部的旅遊心情，包含我去了雲林故事館，看到老房子如何被重新改造與使用，或我在布袋戲館，觀賞今昔布袋戲偶的精采演出。再者，我徜徉在雲林莿桐花海中，與各式有趣的稻草藝術合影。當然，還有讓我勇氣橫生的阿朗壹古道踏查。

點點滴滴，都化為文字，濃縮在一張張卡片裡，最後，我分別蓋上咖啡店提供的橡皮章，為卡片做最後裝飾。

走到郵筒前，把明信片放入！就像寄信給好朋友一樣，時空的等待，讓祝福變得更為具體。

我忍不住幻想，孩子收到卡片時，會是怎樣的心情，他的家人應該也會替孩子感到開心吧！我喜歡的親師關係，是建立在這樣的自然互動裡，而不是刻意透過正式信函或電話來闡述。

孩子完全沒有「寄信」的經驗！

正式開學後，學生果然掩不住興奮，睜著發亮的眼睛說：「老師！我收到你的卡片了。」或是「老師！你去的那家咖啡店真的有貓嗎？」一句句反映了他們的熱切，這是身為老師的主動示範。

因為，我也在寒假前要求每個孩子寄一張明信片給我。真實性的教材，往往能讓學習更為深化。又擔心他們不知道如何購買郵票和明信片，所以，我事先備妥，請孩子抄寫我的收件住址，接著只要填寫內容後，投入郵筒即可。

出乎我意料之外的是，孩子對於收件、寄件住址或收信人稱謂等等一片茫然，可說完全沒有「寄信」的經驗，更遑論找郵筒，這可是一項有挑戰性的任務呢，於是，全班開始七嘴八舌討論著：

「老師，我不知道郵筒在哪裡？」A同學非常緊張地發問。

「你就去找郵局啊！」B同學搶答。

C同學舉手問：「郵筒不是有兩種顏色？我要投到哪一個？」

「當然是紅色。」D同學信心滿滿回話。

B同學馬上發出否定的聲音，「才不是紅色，是綠色的。」

我給了他們老家的收件地址，也是希望讓我的父母享受收信的樂趣。果然，在還沒回家過年前，老爸跟我通話時，常常雀躍萬分的報告每日業績：「今天收到了五張，我覺得曉華寫得最好，她寫了……」

在電子化的世代裡，保留手寫的觸感，於我，於學生，於家人，其實一樣重要。

來本神奇聯絡簿吧！

⊙大人可以這樣做

在這樣的讀寫旅程中，我始終要求自己務必要做好陪伴的角色，而不是指導、評斷。所以，比起批改錯別字，加上日期或等第，我更希望自己能夠寫些文字，作為孩子寫作的回饋，就算只是幾個字「老師跟你有一樣的看法」，也勝於「九十二分」。

八月底正是豔陽高照之際，在學生尚未正式回籠，開始上課前，一群五年級老師聚在一塊兒，討論各班要選購哪些簿本。

表單傳到我手上時，我愣了愣，因為兩年閱讀科任教師時光裡，我幾乎忘了級任老師要處理多如牛毛的雜務。以及，與多年前相比，現在的簿本名稱有了些變化，我要再三確認才敢下決定。

運用聯絡簿，帶動寫作

不過，我最不需要思考的就是「聯絡簿」。兩款聯絡簿，一本是傳統的，一本是日記式。對我這個喜愛讀寫和塗塗畫畫的老師來說，毫無疑問地選擇後者，只是，當下我並沒有細思到底該如何使用「日記欄」。

開學第一天，先發各科課本，接著就是各式簿本。當學生拿到聯絡簿時，哀號聲不絕於耳。「啥？又是日記式聯絡簿，我已經寫了四年的日記了。」聽到學生的埋怨聲，我忍不住在心裡偷偷笑了好幾回。隔幾天召開班親會時，一位家長私下問我，她買了日記本給孩子，希望孩子能夠多加練習，但孩子就是排斥，希望我能夠鼓舞寫作風氣。

綜合兩件事情，我知道孩子真的被訓練過度了。**寫作，不是為了別人，寫作的根本**

就是抒寫自己，應該是愉快且私密的，所以，我決定透過扭轉聯絡簿的負面形象，來帶動寫作的各種可能。

一開始我先試探水溫，利用週五讓他們回家寫篇短文，但絕對不是容易陷於流水帳的日記。我搭配一本全班共讀的書籍，**他們可以選擇寫摘要、佳句或心得，總之，因為可以有「選擇權」，孩子願意試著寫作**，即使，聽到要完成一百五十字還是要哇哇叫好久，但是，小步邁開後，就不怕停滯不前了。

在閱讀搭配寫作之後，我開始加入了各種小型寫作，比如觀賞短片後，寫下影片重點，或是研讀台灣史前三階段，我帶著他們整理成表格。接著，剪貼報紙也進來了。聯絡簿化身為剪貼簿，再接著，連結國語課文提到溪鳥，我讓孩子在聯絡簿畫仿畫。總之，聯絡簿再也不只是功課記錄的單一功能，它，像是一本客製化的筆記本。

讀寫旅程中的陪伴角色

在這段嘗試過程中，偶有機會跟其他班使用日記式聯絡簿的老師討論，發現自己好像走在鐵道外，因為大多數班級很認真地書寫日記，那洋洋灑灑、字跡工整的畫面，常讓我自嘆不如。即便如此，我還是堅持自己異於常人的使用方式。

寒假過後，照例又到了選擇簿本的時候，很多老師都重回傳統聯絡簿的懷抱，我能理解大家的考量，因為如果多花了些費用，卻讓聯絡簿空下許多頁面，確實可能無法對付錢的家長交代。我反省自己半年使用的情形，稱不上九十分，但因為很喜歡孩子在聯絡簿裡各式各樣的讀寫作品，所以，我還是堅守這條路。

這回，孩子拿到新的一本日記式聯絡簿時，總算沒聽到哀號聲了。而且，他們已經習慣用聯絡簿記錄班級任何的閱讀進度，而且有愈寫愈多的傾向，尤其到了後來，當我在黑板上寫下讀寫作業時，往往馬上有孩子在底下振筆疾書。

在這樣的讀寫旅程中，我始終要求自己務必要做好陪伴的角色，而不是指導、評斷。所以，比起批改錯別字，加上日期或等第，我更希望自己能夠寫些文字，作為孩子寫作的回饋，就算只是幾個字「老師跟你有一樣的看法」，也勝於「九十二分」。

透過寫與孩子對話

實際上，要做到百分百實在很難，因為，有時候連簽寫聯絡簿，都要趁著用中餐空檔來完成。所以，我曾跟孩子說：「這篇日記，老師明天再改。」或是先閱讀一輪後，利用上課時間說說，他們的作品給我什麼感覺。

因為，我相信**寫作如果被病態扭曲後，需要更多的鼓勵才有可能重燃熱情，而不是過於強調識字或寫作格式的正確性**。

也許就是因為我試著透過寫與孩子對話，到了後來，孩子可以盡情地抒發自己的心情，甚至，大導演閱讀我給的五月天勵志故事後，寫下這段話：「讀完這篇文章，我知道五月天能夠成為天團是經過很多的努力和堅持，這讓我想到我的夢想。我很喜歡電玩，我希望有一天能夠參加世界電玩比賽，但是家裡反對，老師，你覺得我應該要堅持還是放棄？」

我寫下：「我覺得你應該要堅持，但是，不要忘記同時探索其他的興趣。時候到了，你會做出適合自己的決定。」

聯絡簿平凡樣貌，有了孩子的寫作加膜，變得神奇了起來。所以，期末回收評量卷和簿本時，我沒看到任何一本被丟到回收桶內。

閱讀與寫作

蛙鳴滿池塘

⊙大人可以這樣做

我知道黑冠麻鷺等著我的反應，我思考了三秒鐘後，決定把自己設定為鼓勵使者，而不是分數裁判。

我抽出一本私藏多年的空白厚筆記本，將卡片和筆記本一併交給他，帶著激勵的語氣說：「希望你未來成為一名小說家。」

黑冠麻鷺喜歡閱讀，只要有些空閒時間，經常就會手持一卷，孜孜不倦。

班上像黑冠麻鷺這般樂於閱讀的孩子不勝枚舉，下課時間、等待視力檢查或盛完中飯的空檔，他們總是抱著書本閱讀。對此，我總是抱著樂見其成的態度，因**閱讀力除了是孩子知識追求與價值形塑的底蘊，更與寫作力相輔相成**。

還記得五年級上學期召開班親會時，我曾對家長發下豪語，要為孩子設計一套完善的讀寫課程，彼時，家長聽聞不住的點頭。但是，隨著三次定期評量和眾多班際活動的推演，時間與課程有時擠壓，有時相容，我只能在少數的空檔內引導寫作，但始終覺得不足。

「讀」誘發孩子「寫」的欲望

冬天時分，因為課本節錄了劉克襄的文章〈溪谷間的野鳥〉，我便把圖書室裡《11元的鐵道旅行》借來讓全班閱讀，然後，我們倣效自然文學家那般，離開教室，進入學校水生園區觀察，練習幾項寫作技巧。

或是寒假來臨時，我讓學生帶回《柔軟成就不凡》一書，從吳寶春遠赴法國比賽的故事裡，找到奮力不懈的信念，然後轉化為作文一紙。當然，我們也曾分析《地鐵求生121》，跟著史雷克的求生歷程，寫下自己的評論。

我把「讀」當作誘發「寫」的契端，儘管看似繁華似錦，成果斑斕，可我內心一直很愧疚，認為自己並沒有在一年的時間內，帶領許多孩子橫渡寫作這片大海。

這樣的愧疚感在某一天，如茶葉被小綠葉蟬叮咬後，瞬間變成另一種獨特的香氣。

這充滿奇蹟的紀念日，如常的依照功課表上下課。只是，某一節我留了些時間讓全班做自己喜歡的事時，眼角餘光瞄到了黑冠麻鷺的桌面竟然不是一本書，而是一本筆記本。

看他振筆疾書寫個不停，我也沒特意打擾，只是把這畫面存在心底，待到中午吃過飯，他依舊捨棄平日最愛的閱讀，埋首在筆記本裡。

於是，下午趁著空檔，我好奇的問：「你寫什麼？日記嗎？」

他笑著搖頭，一臉不好意思，旁邊的樹鵲則是興奮的說：「他正在寫小說。」

當下，我只是微笑點點頭，沒再追問寫什麼，或為何而寫。

沒料到最後一節時，黑冠麻鷺突然靠近我身邊，說：「老師！這是我的小說，請你看一看。」

送出筆記本的好時機

打開筆記本，第一頁寫著神劍奇航第二回，細讀後發現他描述的是當下深受青少年喜愛的奇幻小說類型，難能可貴的是已經進入了第二回，看得出來他打算利用這筆記本完成首部小說。

我知道黑冠麻鷺等著我的反應，我思考了三秒鐘後，決定把自己設定為鼓勵使者，而不是分數裁判。所以，我先從抽屜裡拿出一張小卡片，在正面寫下：「黑冠麻鷺，老師高一時首度嘗試長篇小說，沒想到你比我快了四年，真是長江後浪推前浪，令人期待。」再於背面寫下「建議：可以思考你想透過這部小說傳達什麼？這會讓你的小說更有架構。」

然後，把小卡片夾在他的作品裡，接著，轉頭看了看書架，我抽出一本私藏多年的空白厚筆記本，覺得這真是送出這本筆記本的好時機，將卡片和筆記本一併交給他，帶著激勵的語氣說：「希望你未來成為一名小說家。」憨厚的黑冠麻鷺微笑著默默收下，然後，繼續他的小說寫作時光。

那本空白筆記本的第一頁寫下我的期許。

小博士：

老師在高一時首度嘗試創作寫小說，想不到長江後浪推前浪，你比我早了四年，加油！這是一本空白的創作本，老師珍藏多年，現在終於找到適合的送禮人選，希望你能持續寫作，不要忘記自己想要當作家的夢想喲！

——貓老師

寫作，本來就是抒發己意的形式和工具。十六歲那年開始長篇小說寫作時，我日以繼夜的爬格子，然後，作品完成後興致沖沖的影印、裝訂數份給同學和師長。那時，擁有滿腔創作熱忱，如今回想起來，這樣的文字耕耘經驗，對我日後寫作產生了深遠的影響，讓我樂於成為寫作的主人，而非奴隸，以及享受寫作可以與人共享，產生共讀的樂趣。

一如現在的黑冠麻鷺，其他同學都搶著閱讀他的力作，我相信**這是非常好的同儕典範，必定會扭轉大家對於寫作的刻板印象**。於是，就是這一天，我瞭解到閱讀習慣的涵養，果真能帶動寫作動力，只是，要能耐得住性子澆灌，並學會賞識孩子的作品，方能守得雲初開。

後記：

我跟孩子的互動故事裡，總有家長默默參與的身影，每次都讓我感動不已，也促使我更清楚地描繪出**親師生是一個怎樣緊密互助的生態池**。只要一點雨，一抹風，就引來青蛙與蟲鳥，生生不息。在我送給黑冠麻鷺寫作本後的幾天，信箱裡傳來一封信，內容如下：

阿貓老師您好：

我是黑冠麻鷺媽媽，首先非常感謝這一年來您對他的照顧，也謝謝您沒放棄他！可惜的是只有一年，否則我相信他受您的影響會更深！也謝謝您送他的寫作本，希望他能堅持下去。

是您開啟了他的寫作靈感，是您賞識了他的才華，給他有表現的機會，進而讓他瞭解自己想要什麼。有時他挺沒自信的，又有點固執，也很有自己的想法，所以，我都不知該如何幫助他。雖然您要離開這裡，但他若有任何問題，如寫作……仍希望您能給他意見及看法。

閱讀與寫作

今年夏天，來讀好書吧！

⊙大人可以這樣做

當五年級上學期第一次去健康中心測量身高體重時，我請全班攜帶一本書籍，在走廊等候時可閱讀。一直覺得那是最美的一幅畫面，與其他班級井然有序地排隊相比，我更喜愛班上孩子蹲坐在地板上，共同或獨立閱讀的樣子。

記得曾經在某個場合中，一位高年級老師尖銳的提問：「學生喜歡看《貓戰士》，但我覺得看這樣的長篇小說，對於閱讀理解並沒有幫助，所以，我禁止學生閱讀，你的看法呢？」

當時，我笑著回答，如果想要透過《貓戰士》這樣的青少年小說來提升閱讀能力，還是做得到的，但要特別設計課程。也是因為跟這位老師的這番對話，讓我開始思考高年級孩子閱讀讀本該不該限制。

老師！我可以帶書嗎？

其實，我並沒有想太多，答案就呼之欲出了。我不想限制，原因是**與其限制哪些書能讀，哪些書不能讀，可能會阻礙孩子閱讀的興致。再者，我相信應該讓孩子擁有選擇的權利**。

大體來說，我做比較多的是鼓勵閱讀，透過不設限的閱讀氣氛，讓全班都能養成主動閱讀的習慣。所以，當五年級上學期第一次去健康中心測量身高體重時，我請全班攜帶一本書籍，在走廊等候時可閱讀。一直覺得那是最美的一幅畫面，與其他班級井然有序地排隊相比，我更喜愛班上孩子蹲坐在地板上，共同或獨立閱讀的樣子。

雖然，我也很清楚在這種情況下，閱讀的時間是很短暫，但我更希望能讓孩子明瞭，**閱讀是一項隨時都可以進行的歡喜活動**。

在那天之後，好幾次全班需到健康中心做檢測時，學生還會主動詢問：「老師！我可以帶書嗎？」我就知道主動閱讀已經進入孩子的內心。

有創意的閱讀活動

接著，我把全班的閱讀學習分成三個時段。閱讀課時進行分組閱讀活動，週四晨間閱讀當作閱讀策略教學時間，社團課則作為學生自由閱讀時間。換句話說，每週至少有一百二十分鐘是閱讀課。

就這樣，時間不斷推進，我跟孩子們一起進行了多項有趣的閱讀活動，比如讓孩子分組化身為旅行社，設計國籍旅遊路線，藉此培養他們閱讀與整理書報資訊的整合能力。或是，在世界書香日這天，透過「世界上最美的十間書店」來貫串閱讀與生活及職業的關係。

我從沒想過要刻意向家長說明我的閱讀教學理念，是因為我認為**學習的主體是孩子**，只要孩子願意學，家長或老師的責任就會輕盈許多。

沒料到，這樣綿延的閱讀氣味，透過孩子的訴說，傳回了家裡，然後，就像打出一顆球那樣，這球，傳了回來，球上，畫了一朵花。讓我深刻地體悟，只要用心耕耘，家庭也會成為學習的一環。

閱讀的種苗開花

這天晚上，手機簡訊傳來「叮咚」提醒聲，白鼻心問我作業細節。我快手回覆後，繼續手邊的工作。「叮咚」，第二次鈴聲響起，內容卻讓我停了下來。

「老師！我媽媽說暑假要買書讓我閱讀，想請老師推薦書單。」

隨後，在一來一往中，我知道白鼻心的媽媽準備了三千元的購書預算，希望我推薦適合閱讀的書單。

由於接近期末，班級事務繁多，白鼻心總催促著我要書單，我卻一直沒辦法交出來，因我想要好好為白鼻心挑這份禮物。

利用一個週末的時間，我上網搜尋資料，逐一閱讀每本書籍的介紹，終於整理出一份三十本好書閱讀清單。然後，在我把清單交給白鼻心，請他帶回家跟媽媽討論想要購買哪幾本時，我另行上網選購三十本書籍，預定作為與學生離別的交換禮物，希望贈送書籍來沖淡離別氣味，並讓我對他們的期許，透過文字的力度傳送得更遠：當我購買這些書籍時，我內心湧起了這樣的期待。

三十本書內容包羅萬象，從天文到人文，從百科到小說，從亞洲跨美洲。學期的最後一天，當他們從我手上拿到一本書時，每個人迫不及待翻閱的模樣，讓我堅信，閱讀的種苗已經在這班開花了。

如果說白鼻心當初傳來的那則簡訊，讓我知道閱讀推展有成，那麼，暑假鳳凰木傳給我的簡訊，無疑是宣告：孩子的閱讀，正以穩定的速度往前行！

「老師！那本《親愛的安德烈》真的很不錯。我姐姐還羨慕的說，我是去撈寶的，也幫助我的閱讀能力。老師，謝謝您！」

國家圖書館預行編目資料

小學就學會——情緒管理、時間管理及第二專長／黃湘玲著. --初版. --臺北市：寶瓶文化, 2013. 05
面； 公分. --（catcher；55）
ISBN 978-986-5896-27-0（平裝）

1. 教育 2. 文集

520.7 102007543

catcher 055

小學就學會——情緒管理、時間管理及第二專長

作者／黃湘玲老師
主編／張純玲

發行人／張寶琴
社長兼總編輯／朱亞君
主編／張純玲・簡伊玲
編輯／禹鐘月・賴逸娟
美術主編／林慧雯
校對／張純玲・陳佩伶・吳美滿・黃湘玲
企劃副理／蘇靜玲
業務經理／盧金城
財務主任／歐素琪 業務助理／林裕翔
出版者／寶瓶文化事業有限公司
地址／台北市110信義區基隆路一段180號8樓
電話／(02)27494988 傳真／(02)27495072
郵政劃撥／19446403 寶瓶文化事業有限公司
印刷廠／世和印製企業有限公司
總經銷／大和書報圖書股份有限公司 電話／(02)89902588
地址／新北市五股工業區五工五路2號 傳真／(02)22997900
E-mail／aquarius@udngroup.com

著作完成日期／二〇一三年二月
初版一刷日期／二〇一三年五月
初版二刷日期／二〇一三年五月二日
ISBN／978-986-5896-27-0
定價／三〇〇元

AQUARIUS 寶瓶文化事業

愛書人卡

感謝您熱心的為我們填寫，
對您的意見，我們會認真的加以參考，
希望寶瓶文化推出的每一本書，都能得到您的肯定與永遠的支持。

系列：catcher 55　**書名：小學就學會——情緒管理、時間管理及第二專長**

1. 姓名：＿＿＿＿＿＿＿＿　性別：□男　□女

2. 生日：＿＿年＿＿月＿＿日

3. 教育程度：□大學以上　□大學　□專科　□高中、高職　□高中職以下

4. 職業：＿＿＿＿＿＿＿

5. 聯絡地址：＿＿＿＿＿＿＿＿＿＿＿＿＿＿＿＿＿

   聯絡電話：＿＿＿＿＿＿＿＿　手機：＿＿＿＿＿＿＿＿

6. E-mail信箱：＿＿＿＿＿＿＿＿＿＿＿＿＿＿

   □同意　□不同意　免費獲得寶瓶文化叢書訊息

7. 購買日期：＿＿ 年 ＿＿ 月 ＿＿日

8. 您得知本書的管道：□報紙／雜誌　□電視／電台　□親友介紹　□逛書店　□網路　□傳單／海報　□廣告　□其他

9. 您在哪裡買到本書：□書店，店名＿＿＿＿＿　□劃撥　□現場活動　□贈書　□網路購書，網站名稱：＿＿＿＿＿＿　□其他＿＿＿＿＿

10. 對本書的建議：（請填代號　1. 滿意　2. 尚可　3. 再改進，請提供意見）

    內容：＿＿＿＿＿＿＿＿＿＿＿＿

    封面：＿＿＿＿＿＿＿＿＿＿＿＿

    編排：＿＿＿＿＿＿＿＿＿＿＿＿

    其他：＿＿＿＿＿＿＿＿＿＿＿＿

    綜合意見：＿＿＿＿＿＿＿＿＿＿＿＿＿＿＿＿＿＿＿＿＿＿

11. 希望我們未來出版哪一類的書籍：＿＿＿＿＿＿＿＿＿＿＿＿＿＿

讓文字與書寫的聲音大鳴大放

寶瓶文化事業有限公司

（請沿此虛線剪下）

廣　告　回　函
北區郵政管理局登記
證北台字15345號
免貼郵票

寶瓶文化事業有限公司　收

110台北市信義區基隆路一段180號8樓

8F,180 KEELUNG RD.,SEC.1,

TAIPEI.(110)TAIWAN R.O.C.

（請沿虛線對折後寄回，謝謝）